Cryno-Ddysg y Cymry

Diarhebion ac Idiomau i Ddysgwyr

Cryno-Ddysg y Cymry

Diarhebion ac Idiomau i Ddysgwyr

gan

CENNARD DAVIES

GWASG PRIFYSGOL CYMRU
CAERDYDD
2002

Manylion Catalogio Cyhoeddi'r Llyfrgell Brydeinig
Mae cofnod catalogio'r gyfrol hon ar gael gan y Llyfrgell Brydeinig

ISBN 0-7083-1775-8

Darluniadau gan Rhys Bevan Jones
Dyluniwyd y clawr gan Gyngor Llyfrau Cymru
Cysodwyd yng Ngwasg Prifysgol Cymru
Argraffwyd yng Nghymru gan CPD, Glynebwy

Cynnwys

Byrfoddau

adf	adferf / adverb
ans	ansoddair / adjective
b	berf / verb
be	berfenw / verb-noun
ben.	benywaidd / feminine
cymh.	cymharer / compare
cys	cysylltair / conjunction
(D)	defnyddir yn y de yn fwy nag yn y gogledd / used more in the south than the north
eb	enw benywaidd / feminine noun
ebych	ebychiad / exclamation
eg	enw gwrywaidd / masculine noun
egb	enw gwrywaidd neu fenywaidd / masculine or feminine noun
ell	enw lluosog / plural noun
(G)	defnyddir yn y gogledd yn fwy nag yn y de / used more in the north than in the south
gw.	gweler hefyd
gwr.	gwrywaidd / masculine
ll.	lluosog / plural
rhag	rhagenw / pronoun
un.	unigol / singular
ym	ymadrodd / phrase

Rhagymadrodd

Nod y gyfrol fach hon yw cyflwyno i ddysgwyr profiadol un rhan o gyfoeth yr iaith Gymraeg, sef ei diarhebion. Rwyf wedi ceisio dewis y diarhebion hynny sydd i'w clywed ar lafar o dro i dro a'u rhoi mewn deialog er mwyn egluro eu defnydd. Yn dilyn pob dihareb ceir cyfieithiad llythrennol ohoni i'r Saesneg ac esboniad o'i hystyr yn y Gymraeg. Wrth lunio cyfrol fel hon mae hi bron yn anochel bod rhywfaint o ogwydd bersonol i'r dewis, ond rwyf wedi ceisio anelu at greu rhestr gynrychioliadol o ddiarhebion byw. Yn ogystal â chynnwys y ddihareb mewn deialog, nodir o leiaf un idiom arbennig (mewn teip italig) ym mhob sgwrs enghreifftiol. Ceir rhestr o'r rheini yng nghefn y llyfr, ynghyd â geirfa gynhwysfawr er mwyn helpu newydd-ddyfodiaid i'r iaith i ddeall nid yn unig y diarhebion ond hefyd y deialogau.

Beth felly yw diareb? Yn ôl *Geiriadur Prifysgol Cymru*, 'Ymadrodd neu ddywediad (cynefin ar lafar gwlad, &c.) yn datgan doethineb mewn dull cwta a chofiadwy, doethair byr a byw, gwireb gyforiog o synnwyr'. Gellir dweud bod diarhebion fel arfer yn gryno, yn gofiadwy ac yn datgan gwirionedd cyffredinol. Ymadroddion byr a bachog ydynt, yn sawru o oes a fu ond sydd yn dal yn berthnasol i'r byd sydd ohoni. Cânt eu defnyddio o dro i dro wrth siarad fel rhyw fath o law fer i grynhoi syniad a allai fod, fel arall, yn anodd ei fynegi mewn ychydig o eiriau. Er enghraifft, wrth gyfeirio at fam nad yw'n dewis gweld ffaeleddau ei phlant, bydd rhywun yn dweud 'Gwyn y gwêl y frân ei chyw'. Gan fod yr ymadrodd mor gyfarwydd i'r sawl sy'n gwrando, fel arfer does dim ond angen dyfynnu ei hanner – 'Gwyn y gwêl . . .' – ac mae'r cyfan yn eglur. Dyma nodwedd sy'n gyffredin i lawer o ddiarhebion, a thystiolaeth o'u cynefindra ar lafar gwlad.

Yn ystod yr Oesoedd Canol, mae'n debyg y byddai diarhebion yn cael eu defnyddio'n aml wrth siarad, ac erbyn yr unfed ganrif ar bymtheg a'r ail ganrif ar bymtheg byddent yn cael eu hystyried yn addurn angenrheidiol ar iaith lafar ac iaith ysgrifenedig gwŷr diwylliedig yr oes. Fodd bynnag, erbyn diwedd yr ail ganrif ar bymtheg roedd eu seren dan gwmwl, ac ym marn un awdur o Sais nid oeddent ond yn 'vulgar sayings, only fit for ignorant men'. Barn y nofelydd Jane Austin amdanynt oedd eu bod yn 'gross and illiberal'.

Serch hynny, trwy'r oesoedd roedd bri ar gasglu diarhebion. Yn wir, un o'r llyfrau cyntaf i'w argraffu yn y Gymraeg oedd *Oll Synnwyr pen Kembero ygyd* (1546/7), sef casgliad o ddiarhebion o eiddo'r bardd Gruffudd Hiraethog a gyhoeddwyd gan William Salesbury. Mae Salesbury yn cymharu llafur Gruffudd Hiraethog â gwaith mawrion cenhedloedd eraill megis John Heywood, y Sais a gyhoeddodd gasgliad o ddiarhebion yn 1546; Polydore Virgil, yr Eidalwr a gasglodd ddiarhebion Lladin; ac Erasmus, a fu wrthi'n cofnodi diarhebion Groeg a Lladin. Wrth bwysleisio gwerth y diarhebion hyn, gofynna Salesbury:

> Onid yr un nerth yw diarhebion i gynnal yr iaith â'r esgyrn i gynnal y corff? Onid yr un prydferthwch yw diarhebion mewn iaith â'r sêr i'r ffurfafen? Ac onid yr un ffunud yw diarhebion mewn iaith â gemau a main gwerthfawr ymhlith caregos sathredig? Ie, pa beth yw diarhebion onid rhyw wreichion o anfeidrol ddoethineb Duw i arddangos gwneuthur dyn gynt ar lun ei anrhaethol ddelw Ef?

Cyn dechrau cyhoeddi unrhyw lyfrau, fodd bynnag, roedd casgliadau o ddiarhebion Cymraeg ar gael mewn llawysgrifau mor gynnar â'r ddeuddegfed ganrif. Ceir detholiadau ohonynt mewn llawysgrifau megis y *Llyfr Du o'r Waun* sy'n perthyn i'r drydedd ganrif ar ddeg, a *Llyfr Gwyn Rhydderch* a *Llyfr Coch Hergest* sy'n perthyn i'r bedwaredd ganrif ar ddeg. Casglodd y geiriadurwr Thomas Wiliems o Drefriw (1545/6–1622) tua 3,500 o ddiarhebion, a chyhoeddodd yr ysgolhaig Dr John Davies, Mallwyd (*c.*1567–1644), atodiad o ddiarhebion *Adagia Britannica* i'w eiriadur Cymraeg–Lladin enwog, *Dictionarium Duplex*, yn 1632.

Gwelai Iolo Morganwg werth diarhebion, a dywedodd wrth William Owen Pughe ei fod ef ei hun wedi rhestru 'upwards of 60,000' a berthynai i'w annwyl Forgannwg. Ofnai Iolo y byddai Methodistiaeth yn bygwth yr hen ddysg a chredai fod angen cofnodi'r cyfoeth a oedd ar lafar gwlad ar fyrder cyn iddo ddiflannu am byth. Bu Iolo'n ysbrydoliaeth i nifer o hynafiaethwyr amatur yn y bedwaredd ganrif ar bymtheg a barhaodd â'r gwaith casglu, ac yn yr ugeinfed ganrif cawsom gasgliadau diddorol o ddiarhebion gan William Hay (1955) a J. J. Evans (1965).

Un o hanfodion dihareb, fel y nodwyd yn barod, yw ei bod yn gofiadwy, a cheir sawl dull o sicrhau ei bod yn glynu yn y cof. Un o'r dulliau hyn yw ailadrodd:

Heb ei fai, heb ei eni.

Man gwyn, man draw.

Blwyddyn o eira, blwyddyn o lawndra.

Er bod ailadrodd yn sicrhau elfen o gymesuredd, mae yna ffyrdd eraill o'i sicrhau, fel y gwelir yn yr enghreifftiau hyn:

Unwaith yn ddyn, dwywaith yn blentyn.

Lle crafa'r iâr y piga'r cyw.

Brawd mogi yw tagu.

Dro arall, bydd odl yn gynhorthwy i'r cof:

A ddwg wy a ddwg fwy.

Adfyd a ddaw a dysg yn ei law.

Yr hwch fud sy'n bwyta'r soeg i gyd.

Un nodwedd sy'n unigryw i ddiarhebion Cymraeg yn y cyswllt hwn yw'r defnydd o gynghanedd:

Henaint ni ddaw ei hunan.

Teg edrych tuag adref.

Un wennol ni wna wanwyn.

Does dim angen cynghanedd gyflawn bob amser chwaith, a gwnâ ambell gyffyrddiad y tro yn iawn:

Cyntaf i'r felin gaiff falu.

Diwedd y gân yw'r geiniog.

Mae meistr ar Mister Mostyn.

Wrth i'r cyfryngau torfol ddylanwadu arnom fwyfwy, mae'n sicr bod pob iaith yn datblygu'n fwy unffurf gan golli rhai o'i phriod-ddulliau a'i thafodieithoedd. A oes llai o ddefnydd ar ddiarhebion ar lafar nag a fu? Mae'n bosib bod, ond gallwch eu clywed yn gyson serch hynny ar lafar gwlad ac maent yn rhan bwysig o'n cynhysgaeth ieithyddol. Ar ôl meistroli prif gystrawennau'r iaith ac ymgyfarwyddo â'i phriod-ddulliau, mae'n werth troi at yr ymadroddion hyn sydd i'w clywed wrth sgwrsio ac i'w gweld yn ein llenyddiaeth. Gobeithio y bydd y gyfrol hon yn rhagarweiniad hwylus i faes hynafol a diddorol – cryno-ddysg y Cymry.

Dymunaf ddiolch i Rhys Bevan Jones am ei luniau bywiog sy'n ychwanegu'n fawr at werth y gyfrol ac i Liz Powell am ofalu am ei diwyg. Rwy'n gwerthfawrogi'r diddordeb a ddangosodd Susan Jenkins yn y fenter o'r cychwyn cyntaf ond mae fy nyled bennaf i Ruth Dennis-Jones am ei thrylwyredd a'i hamynedd wrth lywio'r llyfr trwy'r wasg. Fe'm hachubodd rhag cymryd sawl cam gwag ac awgrymodd nifer o welliannau. Fi sy'n gyfrifol am unrhyw wendidau a erys yn y gwaith terfynol. Ni fyddai'r gyfrol wedi gweld golau dydd oni bai am ddiddordeb fy myfyrwyr a'm cyd-athrawon ym Mhrifysgol Morgannwg yn y maes arbennig hwn ac am gefnogaeth ymarferol Mary, fy ngwraig. Diolch o galon iddynt i gyd.

Cennard Davies
Treorci
Hydref 2002

Y DIARHEBION

1. A ddwg wy a ddwg fwy

Someone who steals an egg will steal more
Bydd person sy'n dwyn rhywbeth bach yn debygol o ddwyn rhywbeth mawr

Roeddwn i'n synnu clywed bod Dafydd Lewis wedi cael carchar am dwyllo ei gyflogwr a *dwyn* llawer o arian *oddi arno*.
Doeddwn i ddim.
Wel, roeddwn i bob amser yn meddwl ei fod yn ddyn gonest.
Dwyt ti ddim yn cofio iddo gael dirwy am ddwyn rhyw degan o siop yn y dref adeg y Nadolig rai blynyddoedd yn ôl.
Ydw, nawr dy fod ti'n sôn amdano. Ond, chwarae teg iddo, trosedd fach iawn oedd honno.
Ie, ond cofia di, **a ddwg wy a ddwg fwy**!

2. **A fo ben, bid bont**

Let them who lead also be a bridge

Mae disgwyl i'r person sy'n arwain wasanaethu ac aberthu hefyd

Mae'n stormus iawn heddiw.

Ydy, yn rhy stormus i weithio ar do'r tŷ.

Ond bydd rhaid i rywun orffen gosod y llechi gan fod y
perchnogion newydd yn cyrraedd ddiwedd yr wythnos.

Wel, dw i'n dweud wrthot ti nawr nad ydw i'n mynd i *fentro
'mywyd* ar ddiwrnod mor wyntog i blesio neb.

Rwyt ti'n lwcus dy fod yn gallu siarad fel 'na. Taset ti'n
berchennog cwmni 'Toeau Taclus' fel fi, fasai gen ti fawr o
ddewis. **A fo ben bid bont** yw hi sbo. Dalia di'r ysgol ac fe
fentra' i.

Wyt ti'n siwr?

3.   A geir yn rhad a gerdd yn rhwydd

What is got cheaply goes quickly (i.e. does not last)
Dydy pethau a brynwyd yn rhad ddim yn para'n hir

> Edrycha ar wadnau'r esgidiau 'ma.
> Beth sy'n bod arnyn nhw?
> Beth sy'n bod, wir! Maen nhw wedi *treulio'n dwll* yn barod.
> Ond maen nhw'n edrych *mor hen ag Adda* i fi.
> Yn hen? Dim ond tri mis yn ôl y prynais i nhw.
> Ble cest ti nhw?
> Yn y farchnad yn y dre.
> Faint oedden nhw?
> Deg punt.
> Wel, beth rwyt ti'n ei ddisgwyl. **A geir yn rhad a gerdd yn rhwydd**. Mae'n well *yn y pen draw* brynu esgidiau mewn siop iawn. Rwyt ti'n talu mwy ond gelli di fentro y byddan nhw'n para'n hirach.

4.   A heuo ddrain na fid droednoeth

Let them who sow thorns not be barefooted
Os ydych chi'n beirniadu eraill, dylech chi ofalu nad oes gennych chi ffaeleddau eich hunan
(gw. 42, 44, 145)

> Glywoch chi fod gwraig y Cynghorydd William Jones wedi cael swydd prifathrawes yr wythnos diwethaf?
> Do, digwyddais i fod yn siop y barbwr yr un pryd â'r Cynghorydd Tom Thomas ac roedd e *'n gacwn wyllt*. Dweud roedd e fod y Rhyddfrydwyr yn cymryd mantais o'r ffaith bod ganddyn nhw fwyafrif ar y cyngor nawr.
> Dyna un pert yn siarad. Pan oedd y Blaid Lafur yn rheoli'r cyngor, pwy gafodd swydd dda yn Llyfrgell y Dref ond gwraig Tom ei hun! Dylai fe gau ei geg. **A heuo ddrain, na fid droednoeth**.
> *Rwyt ti yn llygad dy le!*

5.   A ŵyr leiaf a ddywed fwyaf
He who knows least will talk most
Mae'r sawl sy'n siarad fwyaf yn aml yn gwybod y lleiaf
(gw. 92, 111; cymh. 94, 158)

> Roeddet ti'n dawel iawn yn y cyfarfod heno.
> Ches i fawr o gyfle i siarad gan fod cymaint i'w ddweud gan
>   Dafydd.
> Ond gan dy fod ti wedi bod yn rheolwr banc a'r pwyllgor yn
>   trafod sefyllfa ariannol y tîm pêl-droed, dylet ti fod wedi
>   cyfrannu i'r drafodaeth.
> Ond roedd Dafydd yn *siarad fel pwll y môr* drwy'r amser.
> Oedd, siarad llawer a dweud dim.
> **A ŵyr leiaf a ddywed fwyaf**, sbo.
> Ie, mae hynny'n siwr o fod yn wir yn achos Dafydd!

6.   Adar o'r unlliw, hedant i'r unlle
Birds of the same colour fly to the same place
Mae pobl yn tynnu at eu tebyg

> I ble rwyt ti'n mynd ar dy wyliau eleni?
> I Landudno, fel arfer.
> Llandudno? Beth yn y byd rwyt ti'n ei wneud yno?
> Cerdded, darllen a segura. Dim byd arall.
> Wyt ti'n mynd ar dy ben dy hun?
> Nac ydw, mae Mari a Siôn yn dod gyda Dewi a minnau bob
>   blwyddyn.
> Ydyn nhw'n darllen, cerdded a segura hefyd?
> Wrth gwrs, rydyn ni i gyd yn *tynnu at ein tebyg*. **Adar o'r unlliw
>   hedant i'r unlle.**
> Mae hynny'n wir, ac mae llawer o adar rhyfedd o gwmpas y lle y
>   dyddiau hyn hefyd!

7. Adfyd a ddaw â dysg yn ei law

Adversity comes with education in its hand
Gallwn ddysgu weithiau o ddigwyddiadau anffodus
(gw. 63)

Dw i'n hoffi dy gar newydd. Beth yw e?

Porsch.

Porsch! Mae'n rhaid dy fod yn *graig o arian*.

Wel, alla' i ddim cwyno. *Dw i ar gefn fy ngheffyl* nawr ond ryw
ddwy flynedd yn ôl, pan gollais i fy swydd, roeddwn i'n
meddwl bod y byd ar ben.

Beth wnest ti?

Roedd diddordeb 'da fi bob amser mewn dyfeisio pethau a
phenderfynais agor ffatri fach un-dyn. Fe lwyddodd un o fy
nyfeisiadau y tu hwnt i'r disgwyl ac erbyn hyn dw i'n cyflogi
deg o ddynion.

'**Adfyd a ddaw â dysg yn ei law**', ac mae hynny'n eithaf gwir yn
dy hanes di.

Ydy, wir.

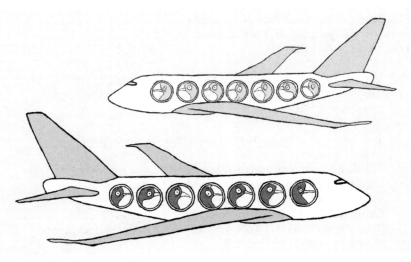

Adar o'r unlliw, hedant i'r unlle

8. Angel pen ffordd, diawl pen tân (pen pentan)

An angel on the road and a devil on the hearth
Dydy pobl ddim bob amser fel y maent yn ymddangos yn gyhoeddus

Fe glywais i sgrechiadau o'r drws nesaf neithiwr.
Mair oedd yn sgrechian?
Wrth gwrs. Dim ond hi a Sam sy'n byw yno.
Maen nhw'n dweud ei fod yn ei cham-drin hi'n ofnadwy.
Dw i'n ei chael yn anodd iawn credu hynny ac yntau bob amser
    mor ddymunol.
Mae'n wir ei fod yn wên i gyd pan welwch chi ef yn yr ardd neu
    ar y stryd, ond **angel pen ffordd, diawl pen tân** yw e, credwch
    chi fi.
Roedd llygad ddu gan Mair wythnos yn ôl, ond roedd hi'n
    mynnu taw wedi cwympo roedd hi.
Druan â hi! Mae hi'n *cynnal ei freichiau* bob amser.

9. Ail y fam fydd y ferch

The daughter will be similar to the mother
Rydym yn debygol o fod yn debyg i'n rhieni
(gw. 14, 58, 100, 113, 142)

Glywaist ti fod John wedi ymadael â Mari ei wraig?
Dw i'n synnu damaid. Rwy'n rhyfeddu bod y briodas wedi para
    cyhyd.
Pam, felly?
Hen ferch ddiserch, gecrus yw hi, ac mae John ei hun mor
    rhadlon.
Doeddwn i ddim yn adnabod Mari o gwbl, ond roeddwn i'n
    gyfarwydd iawn â'i mam pan oeddwn i'n ifanc. Yn rhyfedd
    iawn, un fel 'na oedd hithau hefyd.
'**Ail y fam fydd y ferch**', medden nhw.
Trueni nad oedd John wedi ystyried hynny cyn priodi. Ond mae
    cariad yn ddall!

10. Am y tywydd, gorau tewi

It is best to keep silent about the weather
Am fod y tywydd mor gyfnewidiol, mae'n well peidio â sôn amdano gan nad oes sicrwydd beth fydd yn digwydd yfory

> Rwy'n siomedig iawn heddiw.
> Beth sy'n bod?
> Wel, roeddwn i wedi gobeithio cywain gwair ac mae hi'n *arllwys y glaw*.
> Roedd y dyn tywydd yn addo diwrnod heulog ar y teledu neithiwr, on'd oedd e?
> Oedd, a dyna pam rwyf i mor siomedig.
> Alli di fyth dibynnu ar ragolygon y tywydd.
> Dydyn nhw ddim mor anghywir â hyn yn aml.
> Wn i ddim, wir. **Am y tywydd, gorau tewi**.
> Rwy'n dechrau credu hynny hefyd.

11. Amlwg llaid ar farch gwyn

Mud is conspicuous on a white stallion
Mae ffaeleddau pobl barchus (neu uchel eu statws) yn llawer mwy amlwg
(cymh. 135)

> Yn ôl y papur, mae'r ficer wedi cael ei ddal yn gyrru ar ôl yfed.
> *Druan â fe*, bydd hi'n anodd iddo fynd o gwmpas y plwyf heb gar nawr.
> Ac roedd y stori ar dudalen blaen y papur lleol.
> Dyw hynny ddim yn deg. Roedd hanner dwsin o bobol o flaen y llys ar yr un cyhuddiad ond dim ond ei achos e sy wedi cael sylw yn y wasg leol.
> Ac roedd hi ym mhapurau poblogaidd Lloegr hefyd – yn y *Sun* a'r *Mirror*.
> Doedd achosion y lleill ddim yn stori, sbo. Ond dyna fe, **amlwg llaid ar farch gwyn**.
> Mae'r ficer, druan, yn gorfod dioddef oherwydd hynny nawr.

12. **Amser a ddengys**

Time will show (tell)

Gydag amser mae pethau'n dod yn amlwg

Mae Gwilym yn un o'r plant galluocaf a ddysgais i erioed.
Mae pawb ar y staff yn ei ganmol.
Rhois i hanner dwsin o broblemau i'r dosbarth i'w datrys y bore
'ma ac roedd e wedi gorffen y cwbl mewn hanner awr.
Rwy'n siwr y bydd yn disgleirio yn y brifysgol ac yn dod yn
enwog ryw ddydd.
Paid â bod mor siwr. Yn aml, dyw pobl sy'n ddisglair iawn yn
ifanc ddim yn gwneud yn arbennig o dda *yn y pen draw.*
Fe *fentraf i fy mywyd* na fydd hynny'n wir yn achos Gwilym.
Cawn ni weld. **Amser a ddengys**.

13. Amser yw'r meddyg (gorau)
Time is the (best) doctor
Gydag amser, mae pethau'n gwella

Sut roedd Mari ar ôl yr angladd?
Doedd hi ddim yn dda iawn, a bod yn onest.
Roedd colli ei gŵr, ac yntau mor ifanc, yn dipyn o ergyd, a
chymeriff amser iddi ddod drosti.
Gwnaiff, ond **amser yw'r meddyg gorau** a *daw haul ar fryn* mewn
ychydig o fisoedd.
Gobeithio, wir, os dim ond er mwyn y plant.

14. Anodd dwyn (tynnu) dyn oddi ar ei dylwyth
It is difficult to separate a man from his kin
Rydym yn etifeddu nodweddion ein rhieni a'n teulu
(gw. 9, 58, 100, 113, 142)

Pam mae Tom mor dynn?
Mae'n amlwg dy fod ti wedi sylwi arno fe neithiwr hefyd.
Doedd hynny ddim yn gamp ac yntau'n trio ei orau i osgoi prynu
rownd.
Ond mae e'n ddigon tebyg i'w dad a'i frawd *yn hynny o beth.*
Cybydd-dod yn rhedeg yn y teulu, *fel petai?*
Ie, dyna ti. *Yn y pen draw,* **mae'n anodd dwyn dyn oddi ar ei
dylwyth.**
Ydy, sbo, ond dyw hynny ddim yn rheswm chwaith dros
ymddwyn fel y gwnaeth e neithiwr.

15. Anodd iacháu hen glefyd

It is difficult to cure an old ailment
Mae'n anodd dileu hen arfer

> Rwyt ti'n dal i smygu.
> Ydw, *gwaetha'r modd*, er 'mod i wedi trio *rhoi'r gorau iddi*.
> **Mae'n anodd iacháu hen glefyd.**
> Ydy, wir. Es i am wythnosau heb smygu'r un ffag y llynedd, ond
>   ces i fy nhemtio mewn parti a dyma fi fel simnai unwaith eto.
> Rho un cynnig arall arni, *da ti*, er mwyn dy iechyd.

16. Anodd tynnu cast o hen geffyl

It is difficult to rid an old horse of a trick (bad habit)
Mae'n anodd cael pobl hŷn i newid eu hymarweddiad

> Fe ddywedais i wrth 'nhad pan ddaeth e i fyw aton ni fod rhaid
>   iddo newid ei ddillad isaf bob dydd a chael bath bob nos.
> Rwy'n siwr nad oedd hynny *wrth ei fodd*.
> Nac oedd, wir. Roedd newid ei ddillad unwaith yr wythnos a
>   chael bath ar nos Wener wedi bod yn ddigon da iddo fe ers
>   trigain mlynedd a mwy – pam newid?!
> Rhaid derbyn ei fod yn 80 oed ac mae'n **anodd tynnu cast o hen geffyl.**
> Ydy, *gwaetha'r modd*.

17. Arfer yw hanner y gwaith

Practice is half the work
Wrth ymgyfarwyddo â rhyw dasg mae'n dod yn haws

> Rwyf wedi bod ers awr yn trio gweu'r hosan 'ma a phrin 'mod i
>   wedi dechrau, ond rwyt ti'n *cael hwyl arni*.
> Pa mor aml rwyt ti'n gweu?
> Ddim yn aml, a bod yn onest. Rhwng gofalu am y plant a gwneud
>   *cant a mil o bethau* eraill does dim llawer o amser 'da fi.
> Dw i'n gweu ychydig bob dydd. Roeddwn i'n arfer bod yn araf,
>   ond erbyn hyn rwy'n eithaf cyflym.
> **Arfer yw hanner y gwaith**, sbo!

18. Blwyddyn o eira, blwyddyn o lawndra

A year of snow, a year of plenty

Mae llawer o eira yn y gaeaf yn sicrhau cnydau da yn nes ymlaen
(cymh. 60)

Rwyf *wedi hen flino* ar y tywydd 'ma .

Rwy'n hoffi gweld yr eira. Mae e'n bert iawn, yn enwedig ar y
coed.

Ydy, ond dyw e ddim yn help i ni'r ffermwyr. Dydyn ni ddim yn
gallu gwneud ein gwaith o gwbl.

Ond fe fydd o help *yn y pen draw*.

Sut rwyt ti'n dweud hynny?

Fe gewch chi lawer gwell cnydau ar ôl i'r eira ladd yr holl ddrwg
yn y pridd. Dwyt ti ddim wedi clywed y dywediad, '**Blwyddyn
o eira, blwyddyn o lawndra**'?

Ydw, ond mae'r haf yn bell i ffwrdd ar hyn o bryd.

19. Brân i frân, a dwy frân i frân front

For each crow a partner, and two for the cruel/dirty crow

Mae cymar ar gael i bawb

Mae John wedi priodi unwaith eto.

Dyma'r trydydd tro, *dybia' i*.

Ie, dw i ddim yn deall y peth. Ble mae e'n dod o hyd iddyn nhw,
achos elli di ddim dweud ei fod e'n olygus nac yn gyfoethog?

Na, hyll yw'r gair i'w ddisgrifio.

Brân i frân, medden nhw

A dwy frân i frân front yn ôl rhai.

Mae'n wir yn ei achos e, rwy'n siwr.

20. Brawd mogi (mygu) yw tagu

Choking is the brother of suffocating (i.e. There is no difference between them)

Mae'r naill cynddrwg â'r llall

Oes rhaid inni fynd i Gaerdydd heddiw?

Wel, mae'n rhaid i fi siopa rywbryd ac mae digon o siopau da yng Nghaerdydd.

Dw i wedi hen flino ar siopa ac ar Gaerdydd hefyd o ran hynny.

Ond mae rhaid siopa. Does dim bwyd yn y tŷ. Beth am fynd i Abertawe?

Mae'n gas gen i Abertawe hefyd, felly dewisa di. **Brawd mogi yw tagu** o'm rhan i!

Wel, awn ni i Abertawe 'te – bydd hynny'n newid.

Newid, *myn brain i*! Siop yw siop ble bynnag y mae hi!

21. Brenin fydd unllygeidiog ymhlith y deillion

Among the blind a one-eyed person is king

Mae rhywun nad yw'n berffaith yn gallu arwain lle nad oes rhywun gwell ar gael

Doeddwn i ddim yn gallu credu eu bod nhw wedi dewis Dai yn gapten ar y tîm.

Pam hynny? Mae e'n fachgen hyfryd ac yn *gwneud ei orau glas* bob amser.

Dw i ddim yn amau hynny, ond dyw e fawr o chwaraewr, a bod yn onest.

Mae e cystal ag unrhyw un arall yn y clwb.

Mae hynny hefyd yn wir, ond rhaid cyfaddef bod ein clwb yn brin o chwaraewyr da. Alla' i ddim derbyn bod Dai yn ddigon da i arwain.

Wel, **brenin fydd unllygeidiog ymhlith y deillion** a Dai yw'r gorau sydd ar gael.

Mae honno'n bilsen anodd ei llyncu, ond efallai dy fod yn iawn.

22. Brenin pob llyffant ar ei domen ei hun
Every toad/frog is a king on its own patch
Mae pob un yn bwysig yn ei gylch bach ei hun.

Dydw i ddim yn deall pam mae Enfys yn aros gyda'i gŵr.
Pam? Beth sy'n bod arno?
Mae e'n gas wrthi ac yn dynn iawn. All hi ddim prynu ffrog heb
   gael ei ganiatâd.
Dw i'n synnu clywed hynny achos dyw e ddim yn *dweud na siw na
   miw* yn y swyddfa.
Mae e'n wahanol iawn yn y tŷ, ac yn dipyn o unben *yn ôl y sôn.*
Brenin pob llyffant ar ei domen ei hun, medden nhw.
Ac mae Ted yn llyffant a hanner, credwch chi fi.

23. Cadw ci a chyfarth fy hunan

To keep a dog and bark myself

Talu rhywun am wneud rhywbeth a gorfod gwneud y gwaith eich hun yn y pen draw

Rwy'n bwriadu cael gwared ar y garddwr 'na.

Cael gwared ar Tom? Mae e'n ddyn hynod o ddymunol.

Ydy, mae'n hyfryd ond *does dim diben* ei gadw e.

Pam rwyt ti'n dweud hynny?

Wel, dw i wedi bod trwy'r bore yn chwynnu ac yn torri'r lawnt ar ôl ei dalu am wneud hynny yr wythnos diwethaf. Pam y dylwn i **gadw ci a chyfarth fy hun**?

Rwy'n gweld dy bwynt, ond rwy'n eithaf hoff o Tom.

Trueni nad yw e'n hoff o waith!

24. Call pob un yn ei farn ei hun

Everyone is wise in their own opinion

Mae gan bob un farn uchel ohono'i hun

Doedd Sam ddim *yn chwarter call* yn 'sgrifennu'r llythyr 'na i'r
papur lleol gan wybod y byddai ei gymydog yn ei ddarllen.

Nac oedd, yn wir – yn enwedig ar ôl imi ei rybuddio rhag
gwneud hynny.

Beth ddywedodd e wrthot ti pan rybuddiaist ti e?

Chwerthin am fy mhen a dweud fy mod i'n siarad trwy fy het.

Y twpsyn! Ond, dyna fe, **call pob un yn ei farn ei hun**.

Ie, wir, ac mae Sam bob amser yn credu ei fod yn gwybod yn well
na phawb.

25. Cân di bennill mwyn i'th nain ac fe gân dy nain i dithau

Sing a pleasant verse to your grandmother and your grandmother will sing
to you

Bydd y sawl rydych chi'n ei ganmol yn siwr o'ch canmol chithau

Beth roeddet ti'n ei feddwl am William Jones yn cadeirio'r
ddarlith neithiwr?

Roedd e'n gyfoglyd, yn *canmol* y siaradwr *i'r cymylau* a hwnnw'n
berfformiwr eithaf cyffredin *a dweud y gwir*.

Ond fe yw ysgrifennydd Cymdeithas Lenyddol Cwm-draw ac
mae William wedi cael gwahoddiad i siarad yno'r mis nesaf.

Rwy'n ei deall hi nawr: **Cân di bennill mwyn i'th nain ac fe gân
dy nain i dithau**!

Dyna fe, rwyt ti wedi *taro'r hoelen ar ei phen*.

26. Cas gŵr na châr y wlad a'i maco
Hateful is the man who doesn't love the country that reared him
Person atgas yw'r sawl nad yw'n hoffi ei wlad ei hun

Glywoch chi erioed am William Joyce?

Naddo. Pwy oedd e?

Fe oedd y Sais oedd yn lledaenu propaganda ar ran y Natsïaid yn ystod yr Ail Ryfel Byd.

Roeddwn i'n meddwl taw Lord Haw-Haw oedd hwnnw.

Rydych chi'n iawn, dyna oedd llysenw Joyce.

Does dim byd yn waeth na pherson yn troi yn erbyn ei wlad ei hun, yn enwedig adeg rhyfel.

Nac oes, wir. **Cas gŵr na châr y wlad a'i maco**.

Ond fe *dalodd yn hallt* am ei frad yn y diwedd.

27. Castell pawb, ei dŷ
Everyone's house is their castle
Mae cartref pawb yn bwysig iddyn nhw

Pam na symudi di i fyw i'r dre?

Wel, yma rwy' wedi byw erioed ac yma bu mam a 'nhad a mam-gu a 'nhad-cu. Rydyn ni wedi *bwrw gwreiddiau* yma bellach.

Ond mae'r tŷ'n llawer rhy fawr iti erbyn hyn ac elli di ddim byw ar sentiment.

Fe wn i hynny'n iawn, ond **castell pawb ei dŷ** a dydw i ddim yn bwriadu symud beth bynnag a ddywedi di.

Wel, ti sy'n gwybod beth sy orau, dim ond gobeithio na fyddi di'n 'difaru.

28.   Ceffyl da yw ewyllys

Will-power is a good horse

Mae penderfyniad a dyfalbarhad yn mynd â chi ymhell

Roeddwn i'n synnu clywed bod mab Dai yn chwarae i dîm cyntaf
Lerpwl yn Uwchadran Lloegr.

Erbyn hyn mae e'n aelod sefydlog o'r tîm cyntaf ac yn debygol o
gael ei ddewis i chwarae dros Gymru cyn bo hir.

Doedd dim llawer o glem ganddo fe pan oedd e'n chwarae i dîm y
dre'.

Nac oedd, mae hynny'n wir, ond roedd e'n ymarfer *ddydd a nos* ac
yn dal ati.

Mae hynny wedi talu ffordd iddo, mae'n amlwg.

Ydy, mae e wedi cyrraedd y brig. **Ceffyl da yw ewyllys**.

Castell pawb, ei dŷ

29. Cenedl heb iaith, cenedl heb galon

A nation without a language is a nation without a heart
Yr iaith yw hanfod ein cenedligrwydd

Colli tir mae'r Gymraeg yn yr ardal hon.
Ie wir, dyw pethau ddim fel y buon nhw, ond mae'r plant yn
dysgu rhai emynau a chaneuon Cymraeg *ar eu cof* yn yr ysgol ac
mae eu Saesneg yn ddigon Cymreigaidd.
Ond dyw hynny ddim yr un fath â siarad Cymraeg – pethau
ymylol yw'r rheiny. **Cenedl heb iaith, cenedl heb galon**.
Wn i ddim am hynny. Edrycha ar yr Alban. Mae'r Aeleg wedi
marw i bob pwrpas ond elli di ddim dweud nad ydyn nhw'n
Albanwyr er taw Saesneg yw eu hiaith.

30. Cenfigen yw gwraidd pob cynnen

Jealousy is the root of all strife
Eiddigedd yw gwir achos pob anghydfod

Rwy'n clywed *bod* Elin *o flaen ei gwell* yfory.
Ydy, meddyliwch ei bod hi wedi ymosod mor giaidd ar ei
chymdoges.
Gafodd honno niwed?
Do, fe dorrodd ei braich a chleisio ei hwyneb, a'r cwbl heb
unrhyw achos.
Clywais i fod y gymdoges yn dipyn o ffrindiau â gŵr Elin.
Ddim o gwbl. Maen nhw'n gweithio yn yr un swyddfa ac roedd
Elin yn meddwl bod Tom wedi cymryd ffansi ati. Cenfigen oedd
y cwbl.
Cenfigen yw gwraidd pob cynnen.
Ie, a bydd rhaid i Elin dalu pris hallt am hynny yfory.

31. Ci hen yw ci Morgan

Morgan's dog is an old dog (i.e. has benefited from experience)
Dydy hi ddim yn hawdd twyllo rhywun profiadol

Rwy'n deall bod Alun *at ei glustiau* mewn trwbwl yn yr ysgol.
Ydy. Dywedodd e wrth y prifathro fod apwyntiad ganddo fe yn
yr ysbyty ddoe, ond roedd yr hen foi yn ei amau.
Beth wnaeth e?
Ffonio'r ysbyty a chael ar ddeall nad oedd enw Alun ar y rhestr.
Felly, fe ddaliodd e.
Do. Roedd Alun yn dwp. Fe ddylai wybod mai **ci hen yw ci
Morgan** ac y byddai Williams y prifathro yn siwr o roi prawf ar
ei stori.
Gobeithio ei fod wedi dysgu ei wers.

32. Ci tawel sy'n cnoi

It is a quiet dog that bites
Yn aml, rhai tawel sy'n gweithredu
(gw. 95; cymh. 86, 87, 155)

Ydy hi'n wir fod Dilys wedi rhedeg i ffwrdd gyda Dic Lewis?
Cyn wired â dy fod yn sefyll yma.
Chredais i erioed y gallai Dic wneud y fath beth, ac yntau i'w
weld mor ddiniwed.
Na minnau chwaith. Ond dyna fe, **ci tawel sy'n cnoi**.
Fydd neb yn y lle yn gallu credu ei fod wedi gwneud *y fath beth*.
Na fyddan, ond mae'n amlwg fod Dic yn gwneud yn hytrach na
dweud.

33. Colli'r bedol o eisiau hoelen
To lose the shoe for want of a nail
Colli rhywbeth gwerthfawr trwy beidio â gofalu gwneud rhywbeth bach, dibwys

> Werthaist ti dy gyfranddaliadau ddoe fel roeddet ti'n bwriadu?
> Naddo, *gwaetha'r modd*.
> Wel, dyna beth dwl. Roedd y prisiau wedi codi'n sydyn – pam na wnest ti?
> Roedd yn golygu mynd bob cam i Gaerdydd i swyddfa'r cwmni.
> Dyw taith hanner awr ar y trên ddim yn golygu llawer o aberth ac erbyn heddiw mae eu gwerth wedi gostwng eto. Rwyt ti wedi **colli'r bedol o eisiau hoelen**.
> Rwy'n sylweddoli hynny nawr, ond paid â *rhoi halen ar y briw*, dyna fachgen da!

34. Croesi'r gamfa cyn dod ati
To cross the style before reaching it
Gofidio am rywbeth cyn bod angen

> Wn i ddim beth fydd yn digwydd inni pan fyddwn ni'n hen.
> Pam rydych chi'n sôn am hynny nawr?
> Mae Tom y mab wedi cael swydd yn Ffrainc ac mae Mari'r ferch yn briod a theulu ganddi.
> Ond dydych chi ddim yn drigain oed eto a *chyn iached â'r gneuen*. Does dim eisiau **croesi'r gamfa honno cyn dod ati**.
> Rydych chi'n iawn, sbo, ond mae'n naturiol fy mod yn poeni.

35. Curo'r haearn tra bo'n boeth

To strike the iron while it is hot

Rhaid gwneud popeth ar yr adeg fwyaf manteisiol

Pam rwyt ti'n edrych mor hapus?

Dw i newydd dderbyn llythyr gan bennaeth y cwmni yn canu fy nghlodydd.

Da iawn, ond wyt ti wedi gofyn iddo am godiad cyflog fel roeddet ti'n bwriadu?

Nag ydw, ond fe fydd yn ymweld â'r swyddfa eto ymhen chwe mis.

Paid ag aros tan hynny. **Cura'r haearn tra bo'n boeth**. Nawr yw'r amser i ofyn gan ei fod yn dy ganmol cymaint.

Efallai dy fod yn iawn. Fe 'sgrifenna i ato *yn syth bin* heddiw.

36. Cwsg galar ond ni chwsg gofid
Grief will sleep but worry will not
Mae gofid yn fwy o boen na galar

> Rwy'n poeni beth fydd yn digwydd i Siôn yn y llys yr wythnos nesaf.
>
> Mae e'n gwadu'r cyhuddiadau ond mae'r dystiolaeth yn ei erbyn yn edrych yn gryf iawn i mi.
>
> Dyma'r tro cyntaf i unrhyw un o'r teulu 'ma *fod o flaen ei well*. Beth fydd pobl yn ei ddweud? Bydd popeth *yng ngheg y byd* erbyn yr wythnos nesaf.
>
> Mae hynny'n ofid a rhaid cyfaddef 'mod i'n colli cwsg dros y peth.
>
> Rwy'n cytuno. Rywfodd mae hyn yn waeth na phrofedigaeth yn y teulu.
>
> Ydy, mae'r hen air, '**Cwsg galar ond ni chwsg gofid**', yn berffaith wir.

37. Cyfaill blaidd, bugail diog
The wolf's friend is a lazy shepherd
Mae esgeulustod yn rhoi cyfle i ddrwgweithredwyr

> Golloch chi lawer?
>
> Do, arian, cardiau credyd, modrwyau a chwareuydd fideo.
>
> *Dyna hen dro*. Ond sut daeth y lleidr i mewn?
>
> Roedd Dai ar fai gan iddo anghofio cau'r ffenest yn iawn cyn mynd ma's i'r dafarn ac wedyn roedd hi'n ddigon hawdd i unrhyw un ddod i mewn i'r gegin.
>
> Wedi anghofio roedd e, siwr o fod.
>
> Anghofio, wir! Roeddwn i wedi ei rybuddio sawl gwaith taw **cyfaill blaidd yw bugail diog** ond roedd hi'n mynd i mewn trwy un glust a ma's drwy'r llall.

38. Cymydog da yw clawdd
A hedge is a good neighbour
Mae diffinio ffiniau'n glir yn hyrwyddo perthnasau da

Allwch chi esbonio pam penderfynoch chi ar ddyddiad y cyfarfod
nesaf heb ymgynghori â fi neu ag aelodau eraill y pwyllgor?
Ffoniodd rhywun o swyddfa'r cyngor fore ddoe ac roedd e eisiau
ateb ar unwaith.
Ond nid eich busnes chi oedd penderfynu. Fi, yr ysgrifennydd, yn
unig sydd â'r hawl i wneud hynny.
Mae'n ddrwg gen i, ond doeddwn i ond yn trio helpu.
Miss Jones, **cymydog da yw clawdd**, a dylech chi wybod erbyn
hyn beth yw eich dyletswyddau chi a beth yw fy rhai i.
Peidiwch, *da chi*, â gadael i hyn ddigwydd eto. Prynhawn da
ichi!

Cyfaill blaidd, bugail diog

39. Cynt y cwrdd dau ddyn na dau fynydd

Sooner will two men meet than two mountains

Mae'n bosibl cwrdd â phobl gyfarwydd o dan yr amgylchiadau mwyaf rhyfedd (h.y. mae'r byd yn fach)

Ble yn union dywedaist ti roeddet ti?

Ar y ffin rhwng yr Unol Daleithiau a Chanada mewn car yn perthyn i gyfaill imi o Batagonia.

Ac roeddech chi'n siarad Cymraeg *yn ôl eich arfer*, mae'n debyg?

Oedden, does dim llawer o Saesneg gan Miguel. Wel, dyma ddyn y tollau yn rhoi ei ben drwy'r ffenest yn sydyn ac yn gofyn, 'O ble ych chi'n dod 'te?'

Cymro oedd e?

Ie, ac yn dod o'r un pentref yn Sir Gâr â 'ngwraig i.

Cynt y cwrdd dau ddyn na dau fynydd.

Does dim byd yn sicrach!

40. Cyntaf a godo (i godi) a gyll (sy'n colli) ei le

The first to rise will lose their place

Y cyntaf i godi sy'n colli ei le

(gw. 159)

Roeddwn i wedi mynd yn gynnar i'r neuadd er mwyn cael lle da i weld y ddrama ac yn wir i chi, fe ges i sedd yn y ffrynt.

Roeddech chi'n gallu gweld a chlywed popeth, felly.

Chlywais i ddim a gwelais i lai.

Sut felly?

Wel, penderfynais fynd yn ôl i'r cyntedd i brynu cwpwl o losin.

Beth ddigwyddodd?

Erbyn i fi fynd yn ôl at fy sedd roedd 'na ddyn dieithr yn eistedd yno a *gwrthododd yn lân â* symud.

Cyntaf a godo a gyll ei le – ac mae hynny'n wers inni i gyd.

41. Cyntaf i'r felin a gaiff falu

The first to the mill shall grind

Y cyntaf i gyrraedd sy'n cael y fantais

Wyt ti'n bwriadu mynd i'r gêm ddydd Sadwrn?

Fe hoffwn i fynd ond does *dim gobaith caneri* 'da fi i gael tocyn nawr.

Paid â siarad lol. Pam na ddeui di gyda fi i Gaerdydd yfory i nôl un?

Aros yn y gwt am oriau a chael fy siomi wedyn. Dim diolch. Bydd y tocynnau gorau i gyd wedi mynd erbyn yfory beth bynnag, fe gei di weld.

Na fyddan. Mae pob tocyn ar werth yn y swyddfa docynnau yn y bore a'r **cyntaf i'r felin a gaiff falu**.

Wel, pob lwc iti, ddyweda' i.

42. Cythraul yn gweld bai ar bechod

A devil finding fault with sin

Rhywun sy'n ddigon diffygiol ei hun yn gweld bai ar eraill

(gw. 4, 44, 145)

Roedd Alun yn *lladd ar* y trysorydd yn y pwyllgor heno.

Beth ddywedodd e?

Cwyno roedd e nad oedd y fantolen yn ddigon manwl.

Ddim y ddigon manwl, wir! Pan oedd e'n drysorydd y clwb criced, chawson ni ddim mantolen am dair blynedd.

Dyna beth yw **cythraul yn gweld bai ar bechod**.

Enghraifft berffaith, os yw dy stori'n wir.

43. Cyw a fegir yn uffern, yn uffern y myn fod

A chick raised in hell will wish to stay there (*uffern* was the name given to the well under the grate where warm ash fell)

Mae'n anodd i berson newid ei ffordd o fyw hyd yn oed er gwell

Wyt ti wedi clywed bod Bob Williams a'i wraig wedi gwrthod tŷ cyngor newydd?

Nac ydw. Pam yn y byd y gwnaethon nhw hynny a nhwythau'n byw mewn *twlc o le* ar lan yr afon.

Wn i ddim, wir, yn enwedig o ystyried y llifogydd a gawson nhw y llynedd.

Maen nhw wedi bod yno ers hanner can mlynedd ac yn anfodlon symud, sbo.

Ydyn. Fel roedd mam yn arfer dweud: '**Cyw a fegir yn uffern, yn uffern y myn fod.**'

44. Chwynnwch eich gardd eich hun yn gyntaf

Weed your own garden first

Gnewch yn siwr bod eich tŷ eich hun mewn trefn cyn beirniadu eraill
(gw. 4, 42, 145)

Symudwch y car 'ma ar unwaith. Rydych chi wedi ei barcio o flaen fy nhŷ i.

Mae gen i berffaith hawl i adael y car yma ac mewn unrhyw le arall yn y stryd. A dyna beth rwy'n bwriadu ei wneud.

Rwy'n mynd i ffonio'r heddlu y funud 'ma os taw dyna yw eich agwedd.

Gwnewch hynny â chroeso ond gobeithio eich bod yn gwybod ble roedd car eich gwraig wedi ei barcio trwy gydol yr wythnos diwethaf pan oedd y batri'n fflat.

A ble roedd e?

O flaen fy nhŷ i. **Chwynnwch chi eich gardd eich hun yn gyntaf,** gw' boi, cyn fy mygwth i.

45. **Da yw dant i atal tafod**
A tooth is good for checking the tongue
Weithiau mae'n well peidio â dweud dim
(gw. 121, 141, 156; cymh. 136)

Dyna blentyn haerllug yw'r bachgen drws nesaf.
Wedi ei ddifetha'n lân yn fy marn i.
Pan ofynnais iddo am beidio â chicio pêl yn erbyn ein wal,
dywedodd e wrtho i am feindio fy musnes ac roedd ei rieni, os
gweli di'n dda, yn ei glywed e'n dweud hynny.
Ddywedaist ti rywbeth wrthyn nhw?
Roeddwn i eisiau ond weithiau **da yw dant i atal tafod**. Os nad
oedden nhw'n gweld bai arno, gwell tewi.
Fe gân nhw drafferth 'da fe maes o law, fe gei di weld.

Chwynnwch eich gardd eich hun yn gyntaf

46.   Daw hindda wedi drycin

Fair weather will follow foul
Daw pethau'n well gydag amser
(gw. 164)

> Dyma'r wythnos waethaf rwy'n ei chofio.
> Beth sy'n bod?
> Mae popeth yn *mynd o'i le*. Ddydd Llun collodd Dai ei swydd,
>   ddydd Mercher clywodd Mair ei bod hi wedi methu ei
>   harholiadau a nawr y bore 'ma fe adawodd Dai dap i redeg yn
>   yr ystafell ymolchi, mynd ma's i'r ardd i weithio ac erbyn iddo
>   ddod 'nôl roedd y lle dan dair modfedd o ddŵr!
> Maen nhw'n dweud bod anlwc yn dod yn drioedd. Ond codwch
>   eich calon Mrs Jones, **daw hindda wedi drycin**!
> Gobeithio, wir, achos bydd eisiau tipyn o haul i sychu'r holl ddŵr
>   'ma .

47.   Deuparth gwaith ei ddechrau

Two thirds of work is getting started
Dechrau unrhyw dasg yw'r peth anoddaf

> Dad, rwy'n mynd ma's i chwarae rygbi.
> Wyt ti wedi gorffen y traethawd hanes 'na?
> Nac ydw, ond mae tan ddiwedd yr wythnos 'da fi i'w orffen.
> Rwyt ti wedi bod yn sôn am hyn ers dros fis a gwneud dim
>   amdani. *Mae'n hen bryd* iti eistedd i lawr a gwneud rhywbeth yn
>   lle siarad. **Deuparth gwaith ei ddechrau**.
> O'r gorau, rwy'n addo *rhoi cynnig arni* nos yfory, ond rwy'n mynd
>   draw i'r clwb rygbi nawr.

48.   Diogi yw mam tlodi
Idleness is the mother of poverty
Os ydych chi'n ddiog, mae'n anodd ymgynnal

Mae'r teulu sy'n byw yn y tŷ brwnt 'na gyferbyn yn edrych yn eithaf llwm i fi.

Maen nhw fel llygod eglwys ond dyw'r tad na'r ddau fachgen mawr 'na ddim wedi gweithio *ers oesoedd*.

Efallai eu bod nhw'n dost.

Tost, *myn diawl i.* Mae'r ddau grwt yn chwarae rygbi dros dîm y pentref ac mae'r tad yn ddigon abl i fynd i lawr i'r Red Cow bob nos. *Does dim gwaith yn eu crwyn nhw.*

Mae'n hawdd gweld taw **diogi yw mam tlodi** dim ond trwy edrych ar gyflwr eu tŷ. Rhag eu cywilydd!

49.   Diwedd y gân yw'r geiniog
At the end of the song comes the penny (i.e. payment)
Mae pris i'w dalu am bopeth a gewch chi

Wel, rhaid dweud bod y drws a'r ffenestri newydd yn *gweddu*'r tŷ 'ma *i'r dim.*

Ydyn, er taw fi sy'n dweud hynny. Mae pren yn well na PVC.

Ydy, bob cynnig. Ond mae'n siwr ei fod yn ddrutach.

Ydy, ac wrth sôn am hynny, oes gwahaniaeth gennych os do' i â'r bil ichi nos yfory gan 'mod i'n mynd ar fy ngwyliau ddydd Sadwrn.

Does dim gwahaniaeth gen i o gwbl. **Diwedd y gân yw'r geiniog,** sbo.

50. Does dim mwg heb dân

There is no smoke without fire
Mae rhyw sail i bob stori
(gw. 116)

> Wyt ti wedi gweld car newydd Trefor?
> Ydw, dyna iti gar. Sut yn y byd roedd e'n gallu fforddio Jaguar
> *newydd sbon* ac yntau heb fod yn ennill llawer yn y ffatri?
> Mae hynny'n dipyn o ddirgelwch i bawb yn y pentref, ond fe
> glywais i ei fod e'n gwerthu cyffuriau.
> Byth, ac yntau mor *uchel ei barch* yn yr ardal!
> Wel, **does dim mwg heb dân** ac alla' i ddim *yn fy myw* ddeall sut
> y gall unrhyw weithiwr ffatri fforddio car mor grand â hwnnw.

51. Dwla dwl, dwl hen

The most foolish fool is an old fool
Wrth fynd yn hŷn rydyn ni'n mynd yn fwy ffôl
(gw. 90, 153)

> Edrycha ar Llew yn cerdded i lawr y stryd law yn llaw â'r groten
> ifanc 'na.
> Maen nhw'n edrych yn hapus iawn.
> Ydyn, ond mae e'n ddigon hen i fod yn dad iddi.
> Maen nhw'n dweud eu bod nhw'n ystyried priodi cyn bo hir.
> Wel, mae e'n gwario digon o arian arni'n barod. Clywais i ei fod e
> wedi prynu car newydd iddi yr wythnos diwethaf.
> Mae e wedi ffoli arni a **dwla dwl, dwl hen**, medden nhw.
> Efallai y bydd yn callio ar ôl priodi.
> Dw i'n *amau'n fawr*.

52. Dyfal donc a dyr y garreg

Persistent blows shatter the stone

Rydych yn debygol o lwyddo ond ichi ddal ati

Mae'r problemau mathemateg 'ma yn anodd ofnadwy.

Edrycha'n ofalus ar yr enghraifft yn y llyfr i ddechrau ac wedyn
rho gynnig arni.

Dw i wedi gwneud hynny unwaith yn barod.

Dyw unwaith ddim yn ddigon. Mae'n rhaid iti ei wneud e *dro ar ôl
tro* nes ei fod yn dod yn ail natur iti. **Dyfal donc a dyr y garreg**.

Dw i ddim yn siwr a oes gen i ddigon o amynedd i wneud hynny.

53. Edau rhy dynn a dyr

The thread that is too taut breaks
Mae gormod o densiwn yn ddrwg ei effaith
(gw. 134)

Glywoch chi fod Enid yn yr ysbyty?
Naddo. Beth sy'n bod arni?
Problem gyda'i nerfau, *yn ôl y sôn.*
Dw i'n synnu damaid. Mae hi'n gofidio am bopeth, ac fel arfer heb
fod eisiau.
Mae hynny'n rhybudd inni i gyd. **Edau rhy dynn a dyr.**
Mae hynny'n wir a does dim diben *mynd o flaen gofid.*

54. Eira mân, eira mawr

Fine snow (means) heavy snowfall
Mae eira sy'n cwympo'n fân yn debygol o fod yn drwm iawn

Awn ni ddim allan heno.
Na wnawn, achos mae hi'n dal i fwrw eira.
Mae'r eira'n fân a'r gwynt yn chwythu i fyny'r cwm o'r de.
Dyw hynny ddim yn arwydd da o gwbl.
Nac ydy. **Eira mân, eira mawr.**
Paid â *rhoi dy fryd ar* fynd i'r gwaith yfory. Gelli di anghofio am
hynny.
Gallaf, sbo. Dyw hyd yn oed eira ddim yn ddrwg i gyd.

55. Enw da yw'r trysor gorau
A good name is the best treasure
Mae eich enw da yn fwy gwerthfawr na dim

> Mae'n siwr dy fod yn edrych ymlaen at dy swydd newydd.
> Ydw, bydd rhedeg siop fawr yn brofiad newydd imi.
> Cofia fod yn onest bob amser a thrin pobl yn iawn.
> Fe wnaf *fy ngorau glas*.
> Cofia taw **enw da yw'r trysor gorau**.
> Pa mor aml ydw i wedi eich clywed chi a 'nhad yn dweud hynny.
> Wn i ddim, ond mae'n werth ei ddweud eto.

56. Erbyn nos mae canmol diwrnod
It is by nightfall that you praise a day
Peidiwch â neidio i gasgliadau'n rhy gynnar

> Ydy hi'n wir bod Dai drws nesaf wedi ennill y loteri?
> Nac ydy, ond roedd e'n credu ei fod e wedi ennill nos Sadwrn.
> Clywais ei fod e wedi bod yn prynu diod i bawb yn y Llew Coch.
> Do, ac roedd e wedi trefnu gwyliau iddo fe a'r wraig yn y Swistir.
>   Ond ar ôl dod adre' ffeindiodd ei fod e wedi gwneud camsyniad
> a doedd e ddim wedi ennill *yr un ddimai goch* mewn gwirionedd!
> Y twpsyn dwl! Fe ddylai fe sylweddoli mai **erbyn nos mae
> canmol diwrnod**!

57. 'Fallai yw hanner y ffordd i felly
Perhaps is halfway to (saying) yes
Mae'r gair 'efallai' yn awgrymu posibilrwydd newid meddwl

> Ydych chi'n meddwl y bydd yr Aelod Seneddol yn derbyn y
>   gwahoddiad i siarad yng nghinio'r gymdeithas y mis nesaf?
> Rwy'n gwybod ei fod e'n hynod o brysur ar hyn o bryd, ond
>   dywedodd e efallai y byddai'n bosib iddo ddod.
> **'Fallai yw hanner ffordd i felly** ond dydyn ni ddim yn gallu
>   argraffu'r rhaglen cyn inni gael ateb pendant.
> Mae hynny'n wir. Fe dria i gysylltu â'i swyddfa *ben bore 'fory*.

58. Fel y fam y bydd y ferch

Like mother, like daughter
Rydym yn debygol o fod yn debyg i'n rhieni
(gw. 9, 14, 100, 113, 142)

Alla' i ddim credu bod Alun yn bwriadu priodi'r ferch 'na.
Dilys? Mae hi'n ferch olygus *dros ben*.
Ydy, ond un annymunol yw hi *yn y bôn* fel ei mam.
Sut rydych chi'n eu 'nabod nhw?
Roedden nhw'n byw drws nesaf i ni unwaith a menyw gas, sarrug oedd y fam.
Ond efallai bod Dilys yn iawn.
Efallai, wir. Ond fel arfer, **fel y fam y bydd y ferch**, fel y gwelwch chi maes o law, credwch chi fi!

59. Ffôl pawb ar brydiau

Everybody is foolish at times
Rydyn ni i gyd yn gwneud pethau ffôl weithiau

Roeddwn i'n synnu gweld Dewi'*n feddw gaib* yn y parti neithiwr.
A minnau hefyd. Mae'n debyg ei fod wedi bod yn dathlu ei ben-blwydd yn y clwb cyn dod.
Roedd hynny'n amlwg. Prin ei fod e'n gallu sefyll. Dylai fod cywilydd arno ac yntau'n dysgu yn yr ysgol leol.
Mae hynny'n wir, ond **ffôl pawb ar brydiau**. Chwarae teg i Dewi, mae e mor sobr â sant fel arfer, a fydd e byth yn dathlu ei ben-blwydd yn hanner cant eto.

60.   Gaeaf glas, mynwent fras

A green winter (causes) a fat (full) graveyard
Bydd llawer o farwolaethau'n dilyn os ceir tywydd mwyn yn y gaeaf
(cymh. 18)

> Mae hi'n fis Chwefror a does dim sôn am eira eto.
> Nac oes, ac mae'r tywydd wedi bod yn fwyn iawn trwy gydol y
>   gaeaf.
> Dydy hynny ddim o les i neb. Rwy'n hoffi gweld digon o rew ac
>   eira. Maen nhw'n lladd y drwg i gyd.
> Mae hynny'n wir. Roedd yr hen bobl bob amser yn dweud,
>   '**Gaeaf glas, mynwent fras**'.
> Ac roedden nhw'n ddigon *agos i'w lle*.

61.   Gan bwyll mae mynd ymhell

By going steadily one goes far
Wrth wneud ychydig ar y tro wrth eich pwysau, fe ewch yn bell
(gw. 101, 119, 162)

> Dau gyngor sydd gen i wrth ichi ddechrau dysgu Ffrangeg.
>   Dewch i'r dosbarth yn gyson a gwnewch ychydig o waith
>   adolygu bob dydd.
> Fe ddarllenais i dair pennod o'r gwerslyfr neithiwr a dw i'n
>   bwriadu edrych ar ddwy arall heno.
> *Gan bwyll*, nawr. Does dim angen rhuthro a byddai dysgu un
>   bennod yr wythnos yn ddigon.
> Ond dw i am ddysgu'n gyflym.
> **Gan bwyll mae mynd ymhell** a fy nghyngor i ti yw i ti wneud
>   ychydig ar y tro.

62. Gorau arf, arf dysg
Learning is the best tool/weapon
Mae addysg dda o'r gwerth mwyaf
(cymh. 64, 75)

> Pa deganau oedd gennych chi pan oeddech yn fachgen.
> Dim byd o unrhyw werth. Roedd hi'n adeg rhyfel a doedd dim teganau ar gael.
> Beth roeddech chi'n ei wneud?
> Roeddwn i'n chwarae pêl-droed a rygbi ac roedd gen i ddigon o lyfrau.
> Oeddech chi'n darllen llawer?
> Roedd fy nhrwyn mewn llyfr drwy'r amser.
> Ac mae hynny wedi *talu ar ei ganfed* ichi erbyn hyn, a chithau'n athro *uchel eich parch* mewn prifysgol.
> Ydy. **Gorau arf, arf dysg** ac, yn sicr, mae llyfrau'n talu'n well na theganau *yn y pen draw*.

63. Gorau athro, adfyd
Adversity is the best teacher
Rydych yn dysgu trwy wynebu problemau
(gw. 7)

> Welaist ti'r stori 'na yn y papur ddoe am John Williams o Gwm-draw?
> Do, ond rwy'n synnu ei fod e mor gyfoethog erbyn hyn.
> On'd aeth un o'i gwmnïau i'r wal rai blynyddoedd yn ôl?
> Roedd rhywun yn dweud wrtho'i ddoe bod *sawl un o'i gwmnïau* wedi methu.
> Ac nawr mae e'n filiynydd. Pwy fasai'n meddwl?
> **Gorau athro, adfyd,** yn ôl rhai, ac mae'n amlwg ei fod wedi dysgu rhywbeth o'i anffawd.
> Ydy, wir a phob lwc iddo, dyweda i.

64. **Gorau cyfaill, llyfr da**
One's best friend is a good book
Mae llyfr da yn gallu bod yn gwmni i chi
(cymh. 62, 75)

Er ei bod yn byw ar ei phen ei hun, mae Mrs Evans bob amser yn
siriol.
Mae rhaid ei bod hi'n unig yn byw mewn bwthyn bach yng
nghanol y wlad.
Ddim o gwbl. Mae ganddi ddigon o ddiddordebau, yn enwedig
darllen.
Mae darllen yn ffordd dda o *ddifyrru'r amser*. '**Gorau cyfaill, llyfr
da**', medden nhw.
Mae hynny'n berffaith wir, ond rwy'n ofni nad yw llawer o bobl
ifainc yn credu hynny heddiw.

65.   Gorau cyfoeth, iechyd

The best wealth is health

Iechyd yw'r peth mwyaf gwerthfawr yn ein meddiant

Dyna drueni am wraig Ifans y Siop.

Ie, fe glywais i na fydd hi'n gallu cerdded byth eto.

Mae hynny'n ofnadwy, yn enwedig o gofio ei bod hi mor ifanc.

Dim ond deg ar hugain yw hi. Pwy sy'n mynd i ofalu am y plant nawr?

Wn i ddim, wir. Ond mae Ifans *yn graig o arian* a fydd hynny ddim yn broblem iddo.

Rwy'n siwr, serch hynny, y byddai'n well ganddo fod yn dlawd a chael ei wraig yn iach.

Byddai, wir. **Gorau cyfoeth iechyd** a does neb yn ei werthfawrogi tan iddyn nhw ei golli.

66.   Gorau Cymro, Cymro oddi cartref

The best Welshman is a Welshman in exile

Wrth symud o Gymru, daw llawer o Gymry yn fwy ymwybodol o'u gwreiddiau

Roeddwn i'n rhyfeddu gweld Enfys, merch y prifathro, yn cymryd rhan mewn rhaglen Gymraeg o Lundain.

A minnau hefyd. Doedd hi byth yn siarad Cymraeg pan oedd hi'n byw yma.

Nac oedd – na mynd i unrhyw ddigwyddiadau Cymraeg yn yr ardal.

Ond mae'n amlwg ei bod hi yng nghanol *y pethe* yn Llundain.

Efallai bod rhywbeth yn y dywediad 'na taw **gorau Cymro, Cymro oddi cartref**.

Efallai, wir.

67.   Gormod o bwdin dagiff y ci (dagith gi)

Too much pudding will choke the dog
Mae gormod o unrhyw beth yn ddrwg
(gw. 68, 123)

Dydw i ddim yn cytuno â chael pedair darlith yn ystod yr ysgol
undydd.
Ond dyna yw'r traddodiad bellach.
Rwy'n gwybod hynny, ond mae'n ormod. **Gormod o bwdin
dagiff y ci** a chyn bo hir bydd pobl yn dechrau *cadw draw.*
Mae'n well iti godi'r mater yn y pwyllgor nesaf, felly.
Byddaf yn siwr o wneud hynny.

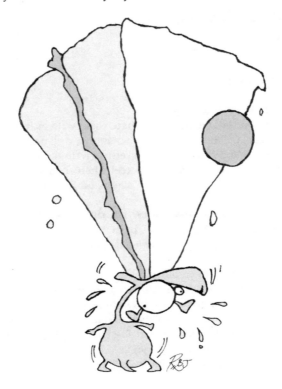

68. Gormod o ddim nid yw'n dda

Too much of anything is not good
Mae gormod o unrhyw beth yn ddrwg
(gw. 67, 123)

> Rhaid inni rwystro'r plant rhag edrych ar y teledu drwy'r amser.
> Rhaid, wir. Maen nhw'n edrych arno o fore gwyn tan nos yn lle
> darllen neu fynd ma's i chwarae.
> Bydd rhaid inni eu cyfyngu i un rhaglen y dydd.
> *Nid ar chwarae bach* y gwnei di hynny.
> Nage, ond **gormod o ddim nid yw'n dda**.
> Fe ddywedaist ti *galon y gwir*.

69. Gweddw crefft heb ei dawn

Craft is destitute without talent
Rhaid wrth ddawn i fod yn grefftwr

> Pwy wnaeth y glwyd 'ma ?
> Fi, pam?
> Dyw hi ddim yn agor yn iawn.
> Mae'n hawdd i chi weld bai a chithau'n saer wrth eich crefft.
> Ond fachgen, gallai *rhywun rywun* wneud yn well na hyn.
> Efallai, wir, ond dydw i ddim yn grefftwr wrth reddf fel chi.
> Nac wyt, mae'n amlwg! **Gweddw crefft heb ei dawn**.
> Does dim eisiau bod yn gas. Rwy'n gwneud fy ngorau.

70. Gwell aderyn mewn llaw na dau mewn llwyn

A bird in hand is better than two in a bush
Mae'r hyn sydd gennych yn well nag addewid i ddod

> Rydych chi'n annoeth yn buddsoddi arian yn y cwmni 'na.
> Maen nhw'n talu 4.5% o log sy ddim yn ddrwg o gwbl.
> Os symudwch chi y cwbl i fy nghwmni i yn syth *byddwch chi ar
> eich ennill*. Mae'n bosib y byddwn ni'n talu 6% ymhen tri mis.
> A gallech chi fod yn talu dim ond 4%. Dim diolch, **gwell aderyn
> mewn llaw na dau mewn llwyn**.
> Gobeithio na fyddwch yn 'difaru.

71. Gwell angau na chywilydd
Death is preferable to shame
Mae marw'n well na gwarth

Dw i ddim yn deall pam y *gwnaeth* Mr Edwards *amdano'i hun*.
Na minnau chwaith, o ystyried y byddai'r llys yn ei gael yn
ddieuog yn ôl y farn gyffredin.
Wrth gwrs, roedd llawer yn y pentref yn dweud bod rhyw sail i
bob stori ac roedd hynny yn ei frifo.
Mae'n bosib nad oedd e'n gallu dioddef y gwarth o fynd i lys ac,
yn ei achos e, **gwell angau na chywilydd**.
Mae'n siwr dy fod yn iawn.

72. Gwell câr yn y llys nag aur ar fys
A friend in court is better than gold on your finger
Mae cael ffrind mewn safle dylanwadol yn well na chael cyfoeth

Roeddwn i'n rhyfeddu bod Alun wedi cael swydd gyda'r cyngor.
Pam felly?
Does ganddo fe ddim cymwysterau ac alla' i ddim dychmygu ei
fod yn dda mewn cyfweliad chwaith.
Dydy'r pethau hynny ddim yn cyfrif os oes gennyt gysylltiadau
da.
Beth rwyt ti'n ei feddwl?
Mae ei dad a'i ddau frawd yn aelodau o'r cyngor ac mae hynny'n
esbonio llawer.
Doeddwn i ddim yn gwybod hynny. Mae'n amlwg mai **gwell câr
yn y llys nag aur ar fys**.
Dyna *galon y gwir*.

73. Gwell clwt na thwll

A patch is preferable to a hole
Mae dilledyn â chlwt yn well nag un â thwll

Roedd y crwt drws nesaf yn mynd i'r ysgol y bore 'ma mewn
trowsus oedd ddim yn ffit i'w wisgo hyd yn oed i chwarae.
Cofiwch fod ei dad wedi bod *ar y clwt* ers misoedd. Oedd y
trowsus yn dyllau i gyd?
O, nac oedd. Roedd ei fam wedi bod yn ei gywiro, ond roedd
golwg ddiraen arno.
Wel, **gwell clwt na thwll** *yn y pen draw*, dyweda' i.

74. Gwell cymydog yn agos na brawd o bell

A neighbour at hand is better than a brother afar
Mae ffrind gerllaw yn fwy defnyddiol na pherthynas sy'n bell
(cymh. 76)

Roedd Mrs Owen yn lwcus bod y bobl drws nesaf wedi clywed ei
sgrechiadau.
Oedd, wir, neu fe fyddai hi wedi llosgi i farwolaeth.
Mae ei brodyr a'i chwiorydd yn cadw mewn cysylltiad â hi dros y
ffôn ond maen nhw ar wasgar ar draws y wlad.
Dydy hynny ddim o help pan ydych chi mewn trafferth.
Nac ydy. **Gwell cymydog yn agos na brawd o bell**.
Rwyt ti yn llygad dy le.

75.   Gwell dysg na golud

Learning is better than wealth
Mae dysg yn fwy buddiol na chyfoeth
(cymh. 62, 64)

> Mae Marc mewn cyflwr ofnadwy.
> Ydy, mae e'n gaeth i'r tŷ ac yn cael trafferth symud. Does dim
> llawer o fodd ganddo fe chwaith.
> Wn i ddim am hynny. Os yw e'n esgeuluso prynu dillad ac offer
> i'r tŷ, mae ganddo ddigonedd o lyfrau. Mae e'n prynu rhai
> newydd bob wythnos hyd y gwelaf i.
> Dyna sy'n ei gadw i fynd. Mae e'n ddyn deallus ac mae llyfrau'*n*
> *fodd i fyw* iddo.
> Pan fyddwch yn ei sefyllfa fe, **gwell dysg na golud**, efallai.

76.   Gwell gwegil câr nag wyneb estron

Better a kinsman's back than a stranger's face
Mae ffrindiau a chydnabod yn bwysicach na dieithriaid
(cymh. 74)

> Rwy'n *gweld eisiau* Tom a Mari Williams ers iddyn nhw symud.
> Ond mae pobl wedi dod i fyw drws nesaf.
> Oes, ond dydyn ni ddim yn eu hadnabod. Maen nhw'n byw
> iddyn nhw eu hunain.
> Roedd Tom a Mari'n wahanol iawn.
> Oedden – yn picio i mewn yn aml ac *yn barod iawn eu cymwynas.*
> **Gwell gwegil câr nag wyneb estron**.
> Allwn i ddim cytuno'n fwy â thi.

77.   Gwell hanner na dim

A half is better than nothing

Mae hanner yn well na dim

Beth rwyt ti'n ei feddwl am y llythyr 'na gawson ni y bore 'ma am y grant i atgyweirio'r tŷ?

Roeddwn i'n hynod o siomedig gyda'r swm roedden nhw'n ei gynnig.

Doeddet ti erioed yn meddwl y byddet ti wedi cael saith mil o bunnau ganddyn nhw?

Yn sicr, roeddwn yn meddwl y cawn ni fwy na phedair mil, o ystyried cymaint o waith y mae angen ei wneud.

Gwell hanner na dim, sbo, ac *o leiaf* rydyn ni'n gallu dechrau ar y gwaith cyn y gaeaf.

78.   Gwell hwyr na hwyrach

Better late than later (never)

Gwell cyrraedd yn hwyr na pheidio â chyrraedd o gwbl

Ble rwyt ti wedi bod, Alun? Roeddet ti *i fod* i gyrraedd yma am ddau o'r gloch ac mae hi'n hanner awr wedi dau bellach.

Mae'n ddrwg 'da fi am hynny ond fe ges i fy rhwystro ac roedd y bws yn hwyr.

Rwyf wedi bod yn aros amdanat am dros hanner awr, ond dyna fe, rwyt ti wedi cyrraedd o'r diwedd. **Gwell hwyr na hwyrach**, sbo!

79. Gwell plygu na thorri

Bending is preferable to breaking

Weithiau, mae'n well cyfaddawdu na sefyll yn ddi-ildio dros egwyddor

Ydy hi'n wir bod Tom wedi marw?

Ydy, hunanladdiad, mae arna' i ofn.

Roedd hi'n amlwg nad oedd e'n fodlon pan benderfynon nhw werthu'r cwmni.

Nac oedd, ond dyna oedd penderfyniad y mwyafrif. Ond doedd Tom ddim am gyfaddawdu, a gwrthwynebodd e'r cyfarwyddwyr eraill yn ffyrnig.

Ond doedd dim angen iddo fynd mor bell â hyn.

Nac oedd. **Gwell plygu na thorri.**

Roedd hi'n *groes i'w natur* i wneud hynny.

80. Gŵr dieithr yw yfory

Tomorrow is a stranger

Dydyn ni ddim yn gwybod beth ddaw yfory

Rwy'n poeni am y cyfweliad. Beth os na fydda' i'n gallu ateb y cwestiynau?

Paid â siarad lol. Fe fydd popeth yn iawn, cei di weld.

Fydda' i ddim yn cysgu winc heno. Rwy'n siwr o *wneud cawl ohoni.*

Beth ydy diben gofidio? **Gŵr dieithr yw yfory** a does dim pwynt mynd i gwrdd â gofid. Mentra' i y bydd popeth yn iawn.

Rwy'n gwybod dy fod yn iawn, ond dyna fy natur i. Alla' i ddim help.

81. Gwyn y gwêl y frân ei chyw(ion)

The crow sees its young as white (i.e. blameless)

Dydy rhieni ddim yn gallu gweld gwendidau amlwg eu plant

Fe glywais y bore 'ma fod mab Wil ac Elin wedi cael ei ddiarddel gan yr ysgol.

Mae hynny'n wir a dyna beth mae e'n ei haeddu.

Clywais ei fod yn fachgen drwg.

Ydy, mae e wedi bod yn bwlian ac yn *dwyn* arian *oddi ar* blant eraill.

Roedd ei fam yn dweud o gwmpas y pentref ei fod wedi *cael cam* ofnadwy a'i fod yn fachgen hynod o ddymunol mewn gwirionedd.

Mae hi wedi ei ddifetha'n lân a gadael iddo gael ei ffordd ers ei fod yn blentyn bach a dyw hi erioed wedi gweld bai arno.

Gwyn y gwêl y frân ei chyw, sbo.

82. Haearn a hoga haearn

Iron sharpens iron

Mae cystadlu â rhywun cyfartal neu well na chi eich hun yn gwella eich perfformiad

Pam rydych chi'n fathemategydd cystal? Does dim traddodiad yn y teulu.

Roeddwn i yn yr un dosbarth â Brian Williams yn yr ysgol gynradd.

Yr Athro Brian Williams sy bellach yn athro mathemateg yn Rhydychen?

Dyna'r un, ac oherwydd ei *fod e'n giamstar ar* fathemateg, roedd rhaid i'r gweddill ohonom weithio'n galed iawn i gadw i fyny ag ef.

Haearn a hoga haearn.

Mae hynny'n sicr o fod yn wir yn fy mhrofiad i.

83. Hael fydd Hywel ar bwrs y wlad

Hywel will be generous from the public purse (i.e. not at his own expense)

Mae pobl yn hael iawn wrth ddefnyddio adnoddau pobl eraill

Hen foi iawn yw'r prifathro newydd.

Ble dest ti ar ei draws e?

Aeth e â grŵp ohonon ni i Gaerdydd a chawson ni *ddiwrnod i'r brenin*.

Beth wnaethoch chi?

Ar ôl cyfarfod byr yn y bore, aethon ni i fy hoff le bwyta, a thalodd e am ginio bendigedig i ni, gan gynnwys digonedd o'r gwin gorau.

Nid fe oedd yn talu, mae'n siwr, ond y coleg. **Hael fydd Hywel ar bwrs y wlad**.

Doedd dim rhaid iddo fe wneud, serch hynny, a chawson ni ddiwrnod bendigedig.

84. Hanner gair i gall

Half a word (is enough) for the wise
Bydd person call yn ymateb i hanner awgrym

> Digwyddais i sôn am y twll yn ffens yr afon o flaen y Cynghorydd
> Tom Evans pan oedden ni mewn cyfarfod yn neuadd y pentref.
> Un da iawn yw Tom, *yn ôl y sôn*. Er ei fod yn *uchel ei gloch*, mae
> pawb yn ei ganmol.
> Wel, yn yr achos 'ma cafodd y twll ei drwsio o fewn diwrnod neu
> ddau er nad oeddwn i wedi cwyno wrtho'n uniongyrchol ond ei
> fod yn digwydd bod yn y grŵp o bobl oedd yn siarad.
> **Hanner gair i gall**. Dyna pam mae ganddo enw da yn yr ardal.

85. Hawdd cynnau tân ar hen aelwyd

It is easy to kindle a fire on an old hearth
Mae'n hawdd ailgydio mewn rhywbeth oedd unwaith yn gyfarwydd

> Wyt ti'n gwybod bod Dafydd yn caru?
> Caru? Ac yntau'n ŵr gweddw dros ei drigain oed.
> Ie, mae e'n caru â Marged Jones, gweddw Gareth, cyn-brifathro
> ysgol y pentre.
> On'd oedden nhw'n dipyn o ffrindiau pan oedden nhw'n ifanc?
> Oedden, a dweud y gwir roedden nhw wedi dyweddïo i briodi.
> **Hawdd cynnau tân ar hen aelwyd**. Byddan nhw'n briod *gyda hyn*,
> dybiwn i.
> Fe gawn ni weld.

86.   Haws dweud na gwneud

It is easier to say than to do
Mae siarad yn haws na gweithredu
(gw. 87; cymh. 32, 95, 155)

> Ddydd Sadwrn nesaf rwy'n bwriadu gyrru i Fort William yn yr
> Alban a dringo Ben Nevis.
> Ydy hynny'n syniad call a thithau'n 75 oed?
> Rwy'n eithaf ffit, *er gwaethaf* fy oedran, a dyw Ben Nevis ddim
> mor uchel â hynny. Rwyf wedi rhoi fy mryd ar gyrraedd y copa
> mewn llai na phedair awr.
> **Haws dweud na gwneud**, yn enwedig os bydd y tywydd yn arw.
> Rwyf fi'n eithaf ffyddiog, beth bynnag.

87.   Haws dweud 'mynydd' na mynd drosto

It is easier to say 'mountain' than to climb it
Mae siarad yn haws na gweithredu
(gw. 86; cymh. 32, 95, 155)

> Ydy Mair yn mynd i lwyddo yn yr arholiad?
> *Duw a ŵyr*, yn wir, ond mae hi'n siarad yn ddigon hyderus.
> **Haws dweud 'mynydd' na mynd drosto** ac mae ffiseg yn bwnc
> digon anodd.
> Ydy, a dyw hi ddim wedi gweithio ryw lawer.
> Gobeithio na chaiff hi ei siomi, ddyweda' i.

88.   Heb ei fai, heb ei eni
He without fault hasn't been born
Nid oes neb yn berffaith
(gw. 99, 124)

Rwyt ti bob amser yn iawn, neu yn meddwl dy fod yn iawn.
Nac ydw. **Heb ei fai heb ei eni**.
Wel, rwyt ti'n ffeindio bai ar bawb ar wahân i ti dy hun.
Dw i ddim yn berffaith o bell ffordd, yn fwy na thi, ond mae gen i
hawl i fy marn.
Oes, ond paid â bod mor llawdrwm ar bawb arall. Tasen nhw'n
gweld sut rwyt ti'n *trin a thrafod* dy deulu dy hun, fasen nhw
ddim yn meddwl dy fod yn gymaint o angel.

89.   Hen a ŵyr, ifanc a dybia
The old know and the young think they know
Mae barn sydd wedi ei seilio ar brofiad yn well na barn person dibrofiad
(gw. 165)

Gwranda ar dy dad a cher i'r brifysgol.
Dw i am adael yr ysgol a dechrau gweithio. Mae coleg yn wastraff
amser yn fy marn i.
Paid â bod yn ffôl, fe enilli di fwy o arian ar ôl ennill gradd. Mae
dy dad wedi gweithio *trwy gydol ei oes* mewn coleg ac yn
gwybod beth yw beth.
Mae ei syniadau yn hen ffasiwn ac mae'r byd wedi newid ers ei
ddyddiau coleg e.
Rwy'n gweld fy mod yn gwastraffu fy amser. **Hen a ŵyr, ifanc a
dybia** ac fe gei di fyw i *fod yn edifar am* hyn.
Fe gawn ni weld am hynny.

90. Henach, henach, ffolach, ffolach

The older you are, the stupider you get
Wrth fynd yn hŷn, rydyn ni'n mynd yn fwy ffôl
(gw. 51, 153)

Sylwoch chi ar John a Mari yn y dref y bore 'ma ?
Naddo, beth oedd yn bod?
Roedden nhw'n mynd i lawr y stryd *law yn llaw* fel tasen nhw yn
   eu harddegau!
Chwarae teg iddyn nhw. Faint yw eu hoedran nhw nawr, tybed?
Mae'r ddau yn eu saithdegau.
Henach, henach, ffolach, ffolach. Ond mae'n dda eu bod mor
   hapus ar ôl bod yn briod am hanner canrif.

91. Henaint ni ddaw ei hunan

Old age doesn't come alone
Mae llawer o drafferthion yn codi yn sgil henaint

Dw i'n mynd am dro i ben y mynydd. Wyt ti'n dod?
Fe hoffwn i ddod, ond rydw i ychydig yn gloff heddiw.
Beth sy'n bod yn union ar dy goes?
Wn i ddim. Ychydig o wynegon, dw i'n ofni.
Henaint ni ddaw ei hunan.
Beth wyt ti'n whilia, dim ond trigain a thair ydw i.
Rwyt ti ar dy bensiwn ac *mae'n hen bryd* iti sylweddoli hynny.

92. Hir ei dafod, byr ei wybod

Long in tongue, short in knowledge
Y sawl sy'n siarad fwyaf sydd, yn aml, yn gwybod leiaf
(gw. 5, 111; cymh. 94, 158)

Rydw i wedi cael llond bol ar gleber Dai ym mhwyllgor y neuadd.
A minnau hefyd. Mae e *fel pwll y môr* drwy'r amser.
Fyddai hi ddim yn ddrwg tasai fe'n siarad synnwyr, ond mae e
mor dwp â sledj.
Ydy, ond **hir ei dafod, byr ei wybod** yw hi yn ei achos e.
Os agoriff ei geg eto heno, bydd rhaid i fi ddweud wrtho.
Bydd yn ofalus achos mae'n gallu bod yn fyr iawn ei dymer
hefyd.

93.   Hir pob aros
Every wait is long
Mae amser yn ymddangos yn hir pan fyddwn ni'n aros

Faint rhagor o amser fydd yr awyren cyn cyrraedd?
Wn i ddim, wir. Mae hi'n ddwy awr yn hwyr yn barod.
Rhaid cyfaddef fy mod i'n dechrau poeni nawr.
Does dim angen poeni o gwbl, ond **hir pob aros**.
Edrycha, mae'n dweud ar y sgrin 'na y bydd hi yma ymhen
   chwarter awr.
Diolch byth am hynny oherwydd 'mod i *bron â marw eisiau* gweld
   Dewi hefyd.

94.   Hoff gan bob aderyn ei lais ei hun
Every bird likes its own voice
Mae pob person yn hoffi siarad
(cymh. 5, 92, 111, 158)

Mae'n hen bryd i rywun *roi caead ar biser* Elwyn yn y Pwyllgor
   Cyllid.
Ydy, rwyt ti'n iawn. Dw i erioed wedi clywed cymaint o lol ag y
   clywais i neithiwr.
Pam mae e'n mynnu siarad cymaint?
Hoff gan bob aderyn ei lais ei hun, sbo.
Ond os nad oes ganddo ddim o werth i'w ddweud, fe ddylai gau
   ei geg.
Rwyt ti'n iawn, ond bydd hi'n amhosibl ei newid e bellach.

95. Hwch fud sy'n bwyta'r soeg i gyd

The silent sow eats all the draff (i.e. dregs from brewing)
Yn aml, rhai tawel sy'n gweithredu
(gw. 32; cymh. 86, 87, 155)

Ydy rhywun wedi sicrhau'r neuadd ar gyfer y gyngerdd?
Ydy, ac mae'r tocynnau wedi eu hargraffu.
Beth am drefnu'r bwyd i'r artistiaid?
Mae'r cwbl *dan law* yn barod.
Pwy wnaeth e?
Dilwyn.
Dilwyn Owen?
Ie.
Ond agorodd e mo'i geg o gwbl yn y pwyllgor.
Naddo, ond yr **hwch fud sy'n bwyta'r soeg i gyd**.
Chwarae teg iddo. Mae e'n gwneud yn hytrach na dweud.

96. Hỳs gyda'r cŵn a hwi gyda'r cadno

'After it!' to the dogs and 'Away!' to the fox
Am berson sy'n cytuno â phawb am bopeth – Sioni-bob-ochr!

> Sylwaist ti ar Wil yn y cyfarfod heno?
> Sylwais ei fod e'n gwrthwynebu polisi'r Cyngor i agor tomen
>   sbwriel yn Nhre-dwym.
> Mae hynny'n wir, ond yng nghyfarfod y Cyngor ei hun siaradodd
>   *o blaid* agor tomen.
> Pam gwnaeth e hynny?
> Fel cynghorydd, doedd e ddim am fynd yn erbyn polisi ei blaid
>   ond yn y cyfarfod cyhoeddus roedd e am gael ei weld yn cefnogi
>   ei etholwyr.
> Rwy'n deall nawr. **Hỳs gyda'r cŵn a hwi gyda'r cadno**.
> Yn union!

97. I'r pant y rhed y dŵr

To the hollow the water runs
Y bobl sydd â modd sy'n cael rhagor o gyfoeth

> Glywaist ti fod John wedi gwerthu ei gwmni am dros filiwn o
>   bunnau?
> Do, ac fe glywais i rywbeth arall hefyd.
> Beth yn union?
> Y bore y gwerthodd y cwmni fe glywodd ei fod e wedi ennill can
>   mil ar y loteri.
> *Paid â sôn!* **I'r pant y rhed y dŵr**.
> Fel 'na mae hi yn *y byd sydd ohoni.*

98. Lladd dau aderyn ag un ergyd
To kill two birds with one blow (stone)
Gwneud dau beth ar yr un pryd

Pan af i'r dre y bore 'ma rwy'n bwriadu galw heibio i gasglu cyfraniad Wil i'r capel.

Os cofi di, gofynna iddo hefyd am y llyfr rois i ei fenthyg iddo beth amser yn ôl.

Gwnaf yn siwr. Bydd modd imi **ladd dau aderyn ag un ergyd**.

Bydd, ond paid ag aros yn rhy hir. Byddaf yn paratoi cinio'n brydlon erbyn un o'r gloch.

Fe wnaf fy ngorau, ond rwyt ti'n *gwybod o hen brofiad* cymaint y mae Wil yn gallu siarad.

99. Lle bo camp y bydd rhemp
Wherever there is excellence there is a defect
Mae gan bob un ei wendidau
(gw. 88, 124)

Beth yn y byd a gododd i ben Dewi?

Wn i ddim, wir. Ar ôl iddo sgorio tri chais bendigedig *pam ar wyneb y ddaear* collodd e ei dymer a dechrau ymladd â'i wrthwynebydd?

Doedd dim synnwyr yn y peth o gwbl. Pam yn y byd y dylai'r fath athrylith o chwaraewr rygbi wneud y fath beth?

Rhaid inni faddau iddo sbo. **Lle bo camp y bydd rhemp**.

Bydd rhaid iddo ofalu neu chaiff e ddim ei ddewis dros Gymru fel mae'n haeddu.

100.   Lle crafa'r iâr y piga'r cyw

Where the hen scratches, the chicks peck
Rydym yn efelychu ein rhieni
(gw. 9, 14, 58, 113, 142)

Mae'n amlwg eich bod yn benderfynol o fynd yn feddyg.
Ydw, dyna fy mwriad ar hyn o bryd.
Roeddwn i'n meddwl y byddai gweld eich tad yn cael ei alw allan
   bob awr o'r nos wedi gwneud ichi newid eich meddwl.
Mae e'n gweithio'n galed iawn ac rwy'n ei glywed e'n cwyno ar
   brydiau. Ond maen nhw'n dweud, **'Lle crafa'r iâr y piga'r cyw'**
   ac mae hynny'n wir yn fy achos i.
Rhaid bod rhywbeth yn y gwaed. Ond dyna fe, rydych chi'n *datws
   o'r un rhych*.

101.   Mae araf deg yn mynd ymhell
Slowly and gently one goes far (Slowly does it)
Wrth wneud ychydig ar y tro wrth eich pwysau, fe ewch yn bell
(gw. 61, 119, 162)

Rwy'n gweld dy fod bron wedi gorffen y llun brodwaith 'na.

Fydda' i ddim yn hir nawr. Does 'na fawr ar ôl.

Mae'n edrych yn hyfryd ond dw i ddim yn deall sut rwyt ti'n
gallu gwneud gwaith mor fanwl *am oriau bwygilydd.*

Dydw i ddim. Rwy'n gwneud ychydig bob dydd ond **mae araf
deg yn mynd ymhell**.

Ydy, ond mae angen amynedd Job i wneud gwaith fel 'na.

102.   Mae eli at bob clwyf
There is a salve for every wound
Mae ateb i bopeth
(gw. 106)

Does dim clem 'da fi sut i ddatrys problem neuadd y pentre.

Paid â phoeni, **mae eli at bob clwyf**.

Mae'n hawdd dweud hynny, ond mae swyddi yn y fantol.

Rwy'n gwybod. Bydd rhaid inni siarad â'n cynghorydd lleol.

Mae hynny'n syniad da. Mae ganddo gysylltiadau ymhob man ac
ateb parod i bob problem.

Ateb rhy barod yn aml – rhai felly yw cynghorwyr. Fel y
dywedais i, eli at bob clwyf!

103. **Mae gan foch bach glustiau mawr**
Little pigs have large ears
Mae plant yn gwrando ar bopeth

Ble cuddiaist ti'r anrhegion Nadolig rhag y plant?

Yn y cwts dan staer.

Eist, paid â siarad mor uchel. **Mae gan foch bach glustiau mawr.**

Rwy'n gwybod hynny, ond mae Elin a Dafydd yn cysgu erbyn hyn.

Efallai, wir, ond elli di fyth bod yn rhy ofalus.

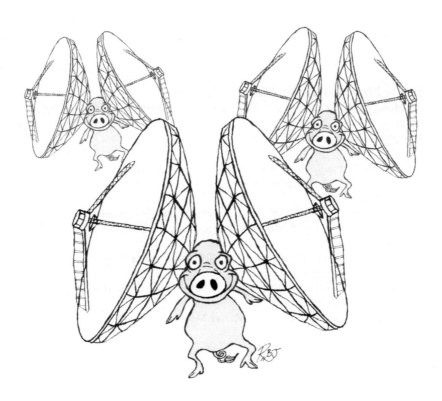

104. Mae llawer ffordd o gael Wil i'w wely

There are many ways to get Wil to bed
Mae llawer dull o gael rhywun i wneud rhywbeth

> Dydy Emyr ddim am gymryd rhan yn y ddrama.
> Ydy e'n rhy swil?
> Nac ydy, ddim o gwbl. Ond mae e eisiau mynd i barti noson y
>   perfformiad.
> Ydy e'n sylweddoli bod Mari'n cymryd rhan yn y ddrama?
> Nac ydy, ac mae e *dros ei ben a'i glustiau mewn cariad â* Mari.
> Bydda' i'n dweud wrtho ac fe gei di weld a fydd e'n gwrthod
>   wedyn.
> Rwy'n siwr dy fod yn iawn. **Mae llawer ffordd o gael Wil i'w
>   wely**.

105. Mae meistr ar Mister Mostyn

Mr Mostyn has his master (i.e. Even the most important person has his boss)
Mae rhywun yn ben ar bawb

> Roedd Dai *wedi llyncu mul* ddoe ac yn gwrthod mynd i archwilio
>   siop gig y pentref pan ofynnais iddo.
> Beth wnest ti?
> Dywedais i wrtho fod rhaid iddo fynd gan ei fod yn aelod o staff
>   Adran yr Amgylchedd yn y Cyngor hwn.
> Aeth e wedyn?
> Naddo, wir. Felly fe alwais Bryn Williams i gael gair ag ef.
> Wrandawodd e ar hwnnw?
> Do, ar unwaith. Fe yw pennaeth yr adran a doedd e ddim yn
>   mynd i gymryd 'na' yn ateb.
> Mae'n amlwg **fod meistr ar Mister Mostyn**.
> Ydy, wir.

106. Mae pont i groesi pob anhawster

There is a bridge to cross every difficulty
Mae ateb i bob problem
(gw. 102)

Mae bywyd yn amhosibl weithiau.

Beth sy'n dy drwblu nawr?

Nos yfory mae gen i gyfarfod yma am bump o'r gloch ac mae
rhaid imi fod mewn cyfarfod o'r Cyngor yn y dre.

Beth yw'r broblem?

Sut yn y byd galla' i deithio deg milltir erbyn chwech o'r gloch
pan nad yw'r bws yn cyrraedd tan bum munud i chwech?

Paid â gofidio. **Mae pont i groesi pob anhawster** ac fel mae'n
digwydd, mae'n rhaid i fi fynd i'r dre erbyn chwech o'r gloch
nos yfory. Dere ma's o dy gyfarfod cyntaf erbyn chwarter i
chwech ac fe gei di lifft. Fe gyrhaeddi di'r cyfarfod arall *mewn da
bryd*.

107. Mae'r euog yn ffoi heb ei erlid

The guilty flees without being pursued
Weithiau mae person yn datgelu ei euogrwydd heb i neb roi pwysau arno

Dyna dwpsyn yw Siôn.

Pam rwyt ti'n dweud hynny?

Dywedais wrth y dosbarth y bore 'ma fod rhywbeth ar goll, a
chyn i fi gael cyfle i ddweud beth ydoedd, dyma Siôn yn
gweiddi allan, 'Nid fi gymerodd yr arian oedd ar y ddesg.'
Mae'r euog yn ffoi heb ei erlid.

Ydy, ac roedd y plant eraill i gyd yn *cael hwyl am ei ben*.

Druan ag ef! Mae e'n rhy ddwl i fod yn lleidr llwyddiannus.

108.   Man gwyn, man draw
The blessed (better) land is (always) yonder
Mae sefyllfa sy'n wahanol i'ch un chi bob amser yn ymddangos yn well

Maen nhw'n dweud bod Dai Williams yn mynd i ffermio i
  Ganada.
Mae hynny'n wir. Mae e wedi *cyrraedd pen ei dennyn* ar ôl y clwyf
  traed a genau a dydy e ddim yn gweld dyfodol i ffermwyr yma
  yng Nghymru.
Fe glywais i nad yw pethau cystal â hynny yng Nghanada
  chwaith. Maen nhw wedi cael sychter mawr eleni a llawer o'r
  cnydau wedi eu difa.
Rwyt ti'n iawn ond **man gwyn, man draw** yw hi ac mae Dai yn
  benderfynol o fynd.
Aros yma wna' i, beth bynnag, a gobeithio y bydd pethau'n
  gwella maes o law.

109.   Melys yw hun (cwsg) y gweithiwr
The workman's sleep is sweet
Mae'r sawl sy'n gweithio'n gorfforol yn cysgu'n dda

Chysgais i ddim winc neithiwr.
Pam hynny?
Rwy'n sgrifennu drama ar gyfer y teledu ac roedd y cymeriadau
  a'r ddeialog yn troi o gwmpas yn fy mhen drwy'r amser.
Wel, *fe gysgais i fel twrch* tan saith o'r gloch y bore 'ma.
Ond rwyt ti'n gweithio'n galed iawn bob dydd. Beth wnest ti
  ddoe?
Roeddwn i wrthi'n torri coed i lawr yn y cae y tu ôl i'r tŷ.
Gwaith llafurus ond dyna fe, **melys yw hun y gweithiwr.**
Er dy fod yn colli cwsg, mae'n siwr fod dy swydd di yn talu'n
  well!

110.   **Mewn undeb mae nerth**
In unity there is strength
Mae cydweithio ag eraill yn cryfhau ein hachos

Mae rhieni'r ardal yn mynd i drefnu deiseb yn erbyn cau'r ysgol.
Clywais fod prinder plant wedi rhoi dyfodol yr ysgol yn y fantol
ond mae problem debyg yn Llanangell a Chwmderi.
Rwy'n deall bod y rhieni yno'n trefnu ymgyrchoedd hefyd ac yn
bwriad protestio o flaen neuadd y dref yr wythnos nesaf.
Rwy'n credu y byddai'n fwy effeithiol petasen ni'n ymgyrchu *ar y
cyd.*
Rydych chi'n iawn. **Mewn undeb mae nerth** ac fe ddylen ni fod
yn cydweithio er mwyn ceisio arbed y tair ysgol.

111.   **Mwyaf eu sŵn (Mwyaf trwst), llestri gweigion**
Empty vessels are the loudest
Pobl sy'n gwybod leiaf sy'n siarad fwyaf
(gw. 5, 92; cymh. 94, 158)

Wrth wrando ar Rhys gallech dyngu ei fod yn awdurdod ar
fusnes.
Gallech, ond dydy e ddim wedi gweithio ei hun ers blynyddoedd.
Nac ydy, ond fe oedd yn siarad, a Mr Jones, perchen Ffatri Tempo,
yn gwrando ar ei lol dan wenu.
Roedd Jones siwr o fod yn chwerthin am ei ben *yn dawel fach.*
Oedd, *dybia' i.* **Mwyaf eu sŵn, llestri gweigion.**
Mae hynny'n berffaith wir yn yr achos hwn.

112. Mwyaf poen, poen methu

The greatest pain is the pain of failure

Mae unrhyw fethiant yn boenus

Sut mae'r bechgyn yn teimlo erbyn hyn ar ôl beth ddigwyddodd
ddydd Sadwrn?

Yn ofnadwy. Dim ond ennill y gêm roedd ei angen i fod ar frig yr
adran a dyna ni'n colli i'r tîm ar y gwaelod.

Mae'n rhaid eu bod nhw i gyd yn siomedig.

Siomedig iawn! **Mwyaf poen, poen methu** ac rwy'n ofni eu bod
nhw wedi boddi eu siom yn y Llew Coch nos Sadwrn.

Paid â phoeni, *daw tro ar fyd* yr wythnos nesaf.

Gobeithio, wir.

113. Natur y cyw yn y cawl

(There is) a taste of the chick in the broth

Rydym yn etifeddu nodweddion ein rhieni a'n teulu

(gw. 9, 14, 58, 100, 142)

Mae *si ar led* yn y pentref bod Gwyn wedi llwgrwobrwyo
cynghorwyr er mwyn cael ei swydd fel prifathro.

Fe glywais i'r stori honno a *doeddwn i ddim yn synnu damaid.* Mae
natur y cyw yn y cawl.

Beth rwyt ti'n ei feddwl?

Dwyt ti ddim yn cofio bod helynt pan gafodd ei dad ei wneud yn
bennaeth adran yn y Cyngor ac yntau heb unrhyw gymhwyster
i'w enw?

Rwyt ti'n iawn, ond roeddwn i wedi anghofio. Rhaid bod rhyw
wendid yn y teulu.

114. Nerth cadwyn, ei dolen wannaf

The strength of a chain is its weakest link

Wrth gydweithio rhaid sicrhau bod pob aelod o'r tîm yn gallu cyfrannu'n gyfartal

Doedd adroddiad yr arolygwyr ar Ysgol Cwm-draw ddim yn rhy dda.

Nac oedd, ac mae hynny'n drueni achos maen nhw'n gwneud gwaith da iawn ar y cyfan.

Ydyn, ond mae un neu ddau aelod newydd dibrofiad ar y staff, a chlywais i fod y rheiny wedi cael eu *beirniadu'n hallt*.

Dyna'r broblem. **Nerth cadwyn, ei dolen wannaf** a dylai pob prifathro sicrhau bod hyfforddiant mewn swydd ar gael i helpu'r gweiniaid hynny.

115. Nes penelin nag arddwrn

The elbow is nearer than the wrist

Po agosaf y berthynas, mwyaf i gyd y ffafriaeth a ddangosir at rywun

Gafodd y bechgyn eu cosbi am chwarae triwant o'r ysgol ddoe?
Naddo.
Pam hynny? Fe gawson ni ein cadw ar ôl ysgol am dair noson am
wneud hynny y llynedd.
Do, ond doedd mab y prifathro ddim gyda ni *y pryd hynny*.
O, roedd Owen yn un o'r grŵp, oedd e? Diddorol iawn.
Mae'n amlwg bod rhai yn cael eu trin yn fwy cyfartal na'i gilydd
yn yr ysgol 'ma. **Nes penelin nag arddwrn** yw hi *bob cynnig*.

116. Ni bu fwg heb dân

There was no smoke without fire

Mae rhyw sail i bob stori

(gw. 50)

Fe glywodd Mari ddoe i Dan Lewis briodi â merch ifanc o Rwsia.
Paid â chredu *chwedlau gwrach* o'r fath. Mae Dan yn hen lanc a hen
lanc fydd e hyd ei fedd!
Rwy'n gwybod ei fod e wedi bod yn Rwsia yn ystod yr haf.
Ond mynd ar wyliau wnaeth e, nid i chwilio am wraig.
Fe wn i hynny, ond mae llawer o ferched yn chwilio am wŷr o
Brydain gan eu bod nhw am ddod i fyw yma.
Wel, **ni bu fwg heb dân**, medden nhw, ond bydd rhaid aros i weld.

117. Ni ddaw doe byth yn ôl

Yesterday will never come back

Does dim diben dyheu am y gorffennol

Does dim siâp ar dîm rygbi Cymru y dyddiau hyn.
Nac oes, wir. Mor wahanol oedd hi yn nyddiau Gareth Edwards,
Barry John a Gerald Davies.
A phaid ag anghofio am J. P. R. Williams a Mervyn Davies. Roedd
hi'n werth mynd i weld gêm ryngwladol *y pryd hynny*.
Oedd, ond **ni ddaw doe byth yn ôl**, a *man a man inni* anghofio am
y gorffennol!

118. Ni ŵyr dyn ddolur y llall

No one knows another's pain
Dydyn ni ddim yn gwybod problemau ein gilydd

Roedd y prifathro â *chroen ei din ar ei dalcen* y bore 'ma .
Oedd, ond mae golwg bryderus wedi bod arno ers tro.
Clywais i nad yw ei briodas yn un hapus iawn.
Ac mae ei fab mewn trafferth gyda'r heddlu hefyd.
Does dim rhyfedd felly ei fod e'n gwylltio weithiau.
Nac oes, ac mae'n amlwg fod ganddo fwy na'i siâr o broblemau.
Ni ŵyr dyn ddolur y llall a rhaid inni beidio â bod yn rhy
feirniadol.
Digon teg, wir.

119.   Nid ar redeg y mae aredig
One doesn't plough in a hurry
Allwch chi ddim rhuthro gwaith manwl
(gw. 61, 101, 162)

Rydych chi wedi bod wrthi *ers tro byd* yn gwneud y cwpwrdd
'ma, Emrys.

Ydw, mae e'n waith manwl iawn, yn enwedig yr holl gerfio ar y
drysau.

Pryd byddwch chi'n ei orffen?

Wn i ddim eto. **Nid ar redeg mae aredig**.

Perffaith wir, a fydd neb yn gofyn faint o amser gymeroch chi
chwaith, pan welan nhw safon y crefftwaith.

120.   Nid aur popeth melyn
Everything yellow isn't gold
Allwch chi ddim barnu pethau wrth eu golwg
(gw. 126)

Sbwriel! Sothach! Pam prynais i'r fath beth?

Beth sy'n bod, nawr? Roeddet ti'n canmol dy lwc ddoe.

Oeddwn, roeddwn i'n meddwl fy mod i wedi cael bargen pan
brynais i'r fodrwy 'ma iti, ond nawr rwy'n ffeindio nad
diemwntau yw'r rhain, ond gwydr! Dyw hi *ddim yn werth taten
goch*! Arhosa nes imi gael gafael ar y gwalch werthodd hi imi.

Weli di ddim mohono fe eto, a ddylet ti byth prynu unrhyw beth
oddi wrth berson sy'n digwydd curo ar dy ddrws.

Ond roedd e mor gredadwy ac roedd y fodrwy'n edrych mor
hyfryd yn ei blwch melfed, du.

Paid â barnu dim wrth yr olwg gyntaf, *da ti*. **Nid aur popeth
melyn**.

121.   **Nid call adrodd y cyfan**
It isn't wise to tell everything
Weithiau dydy hi ddim yn ddoeth datgelu popeth
(gw. 45, 141, 156; cymh. 136)

Ydy Siôn yn gwybod am gyflwr ei dad?
Does dim dwywaith nad yw e'n sylweddoli ei fod yn dost ond dydy
   e ddim yn gwybod pa mor ddifrifol yw ei afiechyd.
Ydych chi'n bwriadu dweud wrtho?
Nac ydw, ddim ar hyn o bryd, beth bynnag, ac yntau'n sefyll ei
   arholiadau Safon 'A'.
Rydych chi'n ddoeth iawn. **Nid call adrodd y cyfan**, yn enwedig
   ar adeg mor bwysig yn ei fywyd.
Dw i ddim yn siwr a fydda' i'n dweud wrtho hyd yn oed wedyn.

122.   **Nid da lle gellir gwell**
It isn't good where one can do better
Ni ddylid canmol dim ond y gorau

Beth rydych chi'n ei feddwl o fy adroddiad ysgol, mam?
Rwyt ti wedi gwneud yn eitha' da, chwarae teg iti.
64 mewn mathemateg, 59 mewn Saesneg, 61 mewn Cymraeg –
   rwy'n meddwl bod hynny'n ardderchog!
Maen nhw'n farciau eithaf da ond *prin eu bod nhw'n* ardderchog.
   Nid da lle gellir gwell! Bydd dy arholiadau TGAU yn dod cyn
   bo hir ac rydw i'n siwr y gelli di wneud yn well eto.
Rydych chi'n anodd iawn eich plesio, rhaid dweud.

123. **Nid da rhy o ddim**
Too much of anything isn't good
Mae gormod o unrhyw beth yn ddrwg
(gw. 67, 68)

> Pam rwyt ti'n griddfan fel 'na?
> Mae 'da fi boen yn fy mol.
> Beth rwyt ti wedi bod yn ei fwyta?
> Afalau.
> Faint fwytaist ti?
> Pedwar.
> Wel, beth rwyt ti'n ei ddisgwyl? **Nid da rhy o ddim**.
> Mae hi *braidd yn* hwyr i chi ddweud hynny nawr.

124. **Nid gardd heb ei chwyn**
It isn't a garden without weeds
Mae rhyw nam neu fai ar bopeth
(gw. 88, 99)

> Rwy'n hoffi dy dŷ newydd yn fawr iawn.
> A minnau hefyd, ond er ei fod yn *newydd sbon* dw i wedi
>   darganfod problem neu ddwy ers dod yma i fyw.
> Beth yw'r rheiny?
> Dydy'r gwres canolog ddim y gweithio'n iawn ac mae ychydig o
>   leithder yn wal y gegin.
> Dyw hynny ddim yn ddrwg o gwbl. **Nid gardd heb ei chwyn**.
> Dw i'n sylweddoli hynny a ddylwn i ddim cwyno, sbo.

125. **Nid twyll twyllo twyllwr**
It isn't cheating to cheat a cheat
Dydy hi ddim yn anonest i dwyllo person anonest

> Gest ti docyn i fynd i'r gêm?
> Do, fe brynais i un ar y funud olaf y tu allan i'r cae.
> Faint dalaist ti?
> Roedd y gwalch yn gofyn trigain punt ond fe roiais i ddeg ar
> hugain yn ei law, cipio'r tocyn a rhedeg.
> Roeddet ti'n mentro.
> **Nid twyll twyllo twyllwr**, a rhedodd e ddim ar fy ôl i.
> Gan fod y gêm *ar fin* dechrau, mae'n bosib ei fod yn falch cael
> gwerth y tocyn yn unig.

126. **Nid wrth ei big mae adnabod (y prynir) cyffylog**
It isn't by its beak that one knows (buys) a woodcock
Rhaid peidio â thynnu casgliadau ar sail ymddangosiad
(gw. 120)

> Rwy'n credu y dylen ni *fentro arni* a chynnig y swydd i'r ail
> ymgeisydd.
> Pam rwyt ti'n meddwl hynny?
> Mae e'n gwrtais, yn gwisgo'n drwsiadus ac yn siarad yn dda.
> **Nid wrth ei big mae adnabod cyffylog**, cofia. Rydw i wedi
> clywed na allwch chi ddibynnu ar y dyn 'ma ac rydw i'n credu y
> dylen ni wneud ymholiadau pellach amdano cyn penderfynu.
> Mae'n siwr y byddai hynny'n gallach *yn y pen draw*.

127. **O ddau ddrwg, gorau y lleiaf**

Of two evils, the lesser is best

Pan fo rhaid dewis rhwng dau ddrwg, dylid dewis y drwg lleiaf

> Os dywedi di wrtho fe ein bod ni'n bwriadu symud, bydd e'n
> grac, ac os na ddywedi di, fe fydd e'n pwdu.
> Dyna beth yw gorfod *dewis rhwng y diawl a'i gwt*. Beth wnawn ni?
> Dweud wrtho fe sy orau, *dybiwn i*. Dyna'r peth gonest i'w wneud.
> Rwyt ti'n iawn. **O ddau ddrwg, gorau y lleiaf**.
> O leiaf, os dywedwn ni'n syth, alliff e ddim dweud ein bod ni
> wedi ceisio cadw'r wybodaeth oddi wrtho.

128. **O flewyn i flewyn yr â'r pen yn foel**

From hair to hair the head grows bald

Mae newidiadau mawr yn digwydd fesul ychydig, bron heb ichi sylwi
(cymh. 129)

> *Mae'n hen bryd* inni ysgrifennu at rieni Alun i ddweud wrthyn
> nhw ei fod e'n chwarae triwant o'r ysgol.
> Wn i ddim, wir. Fe gollodd e ddydd Llun yr wythnos yma a dydd
> Mercher yr wythnos diwethaf. Dydy hynny ddim yn ddigon i
> gyfiawnhau ysgrifennu eto.
> Rhaid bod yn ofalus. **O flewyn i flewyn yr â'r pen yn foel** ac os
> na rybuddiwn ni nhw nawr gall pethau *fynd ar eu gwaered* yn
> sydyn.
> Wel, ysgrifennwch os ydych chi'n mynnu, ond yn bersonol rwy'n
> credu eich bod yn mynd yn rhy bell *am y tro*.

129. **O geiniog i geiniog yr â'r arian yn bunt**

Penny by penny the money becomes a pound
Mae ychydig a gynilir yn gyson yn tyfu'n swm sylweddol
(cymh. 128)

Rwy'n mynd i'r dre i brynu'r crys 'na welais i ddoe.
Wyt ti'n *colli dy bwyll*? Roedd e bron yn £40.
Rwy'n gwybod, ond roedd e'n grys hyfryd.
A sut rwyt ti'n mynd i dalu amdano?
Ag arian o'r cadw-mi-gei.
Y cadw-mi-gei, ond dim ond newid mân rwyt ti'n ei roi yn
   hwnna.
Mae hynny'n wir, ond **o geiniog i geiniog yr â'r arian yn bunt** ac
   erbyn hyn mae gen i dros £50.

O flewyn i flewyn yr â'r pen yn foel

130. O gyfoeth y daw gofid

From wealth comes worry
Mae cael gormod o arian yn gallu creu problemau

> Baset ti'n meddwl y basai Bryn yn ŵr hapus ond fe yw'r creadur
> mwyaf diflas *dan haul.*
> Mae e'n cael llawer o drafferth gyda'i fusnes y dyddiau 'ma.
> Fe yw'r person mwyaf cefnog yn yr ardal, rwy'n credu.
> Mae sôn ar led bod y ffatri'n prysur fynd i'r wal a *does dim rhyfedd
> yn y byd* felly ei fod yn gofidio.
> **O gyfoeth y daw gofid**, medden nhw. Ond hidiwn i ddim cael
> ond chwarter o'i arian.

131. Pan gyll y call, fe gyll ymhell

When the wise miss (the point), they miss (it) completely
Gall pobl ddoeth wneud camgymeriadau mawr

> Rwy'n cofio clywed yr Arglwydd Heycock yn dweud yn 1962 taw
> un ysgol uwchradd Gymraeg fyddai ym Morgannwg a honno'n
> ysgol o ryw 350 o blant.
> *Paid â sôn!* A sawl ysgol sy yno nawr?
> Pedair, heb sôn am un yng Ngwent, un ym Mro Morgannwg, dwy
> yng Nghaerdydd a dwy yng Ngorllewin Morgannwg. Dyna
> naw i gyd.
> A'r rheiny i gyd yn ysgolion mawr. Doedd Heycock, druan, ddim
> yn *agos i'w le!*
> Nac oedd. **Pan gyll y call, fe gyll ymhell**. Ond chwarae teg iddo,
> pwy yn y byd a fyddai wedi rhagweld y fath gynnydd 'nôl yn y
> chwedegau.

132. Pawb at y peth y bo

Everyone to his own interest
Mae gan bob unigolyn sgiliau a diddordebau personol

Rwy'n synnu dy fod yn gallu trwsio ceir. Ble dysgaist ti?

Dysgu gan 'nhad wnes i, ond fe rown i'r byd am gael bod cystal garddwr â ti.

Pawb at y peth y bo yw hi yn yr hen fyd 'ma a byddwn i'n arbed llawer o arian taswn i'n gallu rhoi gwasanaeth i'r car.

Dim ond iti roi ychydig o gynnyrch yr ardd imi *nawr ac yn y man*, fe ofala' i am y car.

Mae hynny'n fargen.

133. Pen punt a chynffon ddimai

A head worth a pound and a tail worth a halfpenny
Am berson sy'n ymddangos yn grand ond sydd, mewn gwirionedd, yn dlawd

Sut yn y byd mae Gwen Jones yn gallu fforddio gwisgo fel y mae hi?

Wn i ddim, wir, ond peidiwch â chael eich twyllo. Mae ei thŷ mewn cyflwr ofnadwy.

Does dim llawer o raen ar y plant chwaith.

Dydy Gwen *ddim yn poeni ffeuen* am hynny, dim ond ei bod hi'n gallu gwisgo fel ladi.

Pen punt a chynffon ddimai, mewn geiriau eraill.

Dyna hi i'r dim

134.   Po dynnaf y llinyn, cyntaf y tyr

The tighter the cord, the sooner it breaks

Mae pethau'n torri dan straen fawr

(gw. 53)

Paid â gofidio cymaint. Dydy e ddim o les iti o gwbl.

Mae hi'n ddigon hawdd siarad ond mae cymaint i'w wneud,
rhwng problemau fy swydd, afiechyd y plant a'r prinder arian.

Ond dydy poeni am y sefyllfa ddim yn mynd i'w gwella. **Po
dynnaf y llinyn, cyntaf y tyr** ac mae rhaid iti gofio am les dy
deulu.

Oes, rwyt ti'n iawn. Bydd rhaid imi wneud rhywbeth *yn hwyr
neu'n hwyrach* bydd fy iechyd yn dioddef.

135.   Po uchaf y pren, fwyaf y cwymp

The higher the tree, the greater the fall

Os ydych chi'n uchel eich statws neu'ch gwerth mae'r gwarth neu'r golled yn fwy

(cymh. 11)

Dyna newyddion ofnadwy am ein Haelod Seneddol.

Ie, dydw i erioed wedi ei hoffi, ond doeddwn i ddim yn meddwl
bod ganddo ddwylo blewog chwaith.

Na minnau, ond fe gaiff e garchar yn sicr am ei dwyll.

Bydd hynny'n anodd iawn iddo ac yntau'n berson mor amlwg yn
yr ardal.

Bydd. **Po uchaf y pren, fwyaf y cwymp**. A bydd yn anodd i'w
deulu hefyd.

Ond os twyllodd e bobl dlawd, mae e'n haeddu unrhyw gosb a
gaiff.

136. Prinder gorau, prinder geiriau
The best scarcity, a scarcity of words
Weithiau, mae'n well peidio â siarad
(cymh. 45, 121, 141, 156)

On'd oedd y pregethwr yn hir y bore 'ma ?

Oedd, a dydw i ddim yn siwr beth yn union roedd e'n ceisio ei ddweud.

Rŷn ni'n ffodus fod ein gweinidog ni yn llawer mwy cryno.

Ydyn. Mae e'n paratoi'n drylwyr ac *mae rhywbeth dan ei ewin* bob amser.

Oes, wir. '**Prinder gorau, prinder geiriau**', ac mae Mr Huws yn gallu dweud mwy mewn chwarter awr nag y dywedodd hwnna mewn tri chwarter awr y bore 'ma .

137. Rhaid cropian cyn cerdded

One must crawl before walking

Rhaid gwneud y pethau sylfaenol yn gyntaf cyn mynd ymlaen at bethau anos

> Dad, rwy'n teimlo ei bod yn bryd iti adael imi fod *yn llwyr gyfrifol am* y busnes nawr.
>
> Dwyt ti ddim yn barod eto. Dwyt ti ond wedi gweithio mewn hanner yr adrannau ac rydw i'n awyddus iti gael profiad ym mhob un cyn gadael iti reoli'r brif swyddfa.
>
> Ond, fe fydd hi'n cymryd misoedd imi wneud hynny.
>
> Bydd, ond **rhaid cropian cyn cerdded** a bydd y profiad hwnnw'n gefn iti yn nes ymlaen.
>
> O'r gorau, ond rwy'n teimlo bod y brentisiaeth 'ma yn un hir iawn.

138. Rhydd i bawb ei farn, ac i bob barn ei llafar

Everybody has the right to an opinion and the right to express it

Mae gan bobun yr hawl i fynegi barn

(gw. 161)

> Doeddwn i ddim yn cytuno â gair a ddywedaist ti yn dy araith heno.
>
> Roeddwn i'n amau na fyddet ti, ond dyna *rwy'n* ei *gredu ar fy nghalon* ac mae llawer yn cytuno â fi fod y llywodraeth 'ma yn anghywir yn gwrthod rhoi grantiau cynnal i fyfyrwyr.
>
> **Rhydd i bawb ei farn, ac i bob barn ei llafar** ond dydy pwrs y wlad ddim yn ddiwaelod a bydd graddedigion yn ennill yn well na phawb arall yn y dyfodol.
>
> Efallai, wir, ond rwy'n teimlo bod llawer o blant o gartrefi tlawd yn dioddef ar hyn o bryd.

139. **Rhygnu ar yr un tant**
To harp on the same string
Siarad am yr un peth yn ddiddiwedd

Addysg, addysg, addysg. Dyna i gyd mae'r Prif Weinidog yn sôn amdani!
Chwarae teg iddo, mae'n bwnc pwysig iawn i bob teulu yn y wlad.
Ydy, ond mae'r economi yn bwysig hefyd ac iechyd yn ogystal.
Ydyn, ond mae addysg dda'n sylfaen i'r cwbl.
Dydw i ddim yn amau ei gwerth ond oes rhaid iddo **rygnu ar yr un tant** ddydd ar ôl dydd?
Tasai gen ti blant, faset ti ddim mor feirniadol ohono.

140. **Taro'r post i'r pared glywed**
To knock the post for the partition to hear
Dweud rhywbeth wrth rywun er mwyn iddo/iddi drosglwyddo'r neges

Does dim diben cwyno wrtho'i am yr amserlen gan taw Dilwyn sy'n gyfrifol amdani.
Does dim modd trafod dim ag ef gan ei fod e'n *colli ei limpyn* bob cynnig.
Wel, dirprwy brifathro ydw i yma a . . .
Rwy'n sylweddoli hynny, ond efallai y gelli di sôn am y mater wrth y pennaeth.
O, rwy'n deall nawr. **Taro'r post i'r pared glywed**. O'r gorau, coda' i'r mater pan wela' i fe amser coffi.

141. Taw piau hi
Keep it quiet (Mum's the word)
Weithiau mae'n well bod yn ddistaw.
(gw. 45, 121, 156; cymh. 136)

> Roedd yr hyn ddywedodd Sam am y gweinidog neithiwr yn gwbl
> warthus.
>
> Rwy'n cytuno. Doedd dim sail i'w honiadau o gwbl.
>
> Rwy'n bwriadu ei ffonio fe ar unwaith i brotestio a bydda' i'n
> dweud wrtho fe *yn blwmp ac yn blaen* beth yw fy marn i amdano.
> Rwy'n cofio rhai o'r storïau ddywedaist ti wrtho'i amdano ar y
> pryd.
>
> Paid â sôn am y rheiny, *da ti*. **Taw piau hi** gan fod yr wybodaeth
> honno'n gwbl gyfrinachol.
>
> Mae hynny'n drueni!

142. Tebyg i ddyn fydd ei lwdn
The offspring are similar to the parents (i.e. Like father, like son)
Mae plant yn debyg i'w rhieni
(gw. 9, 14, 58, 100, 113)

> Dim ond ar ôl imi adael Siop y Gornel y sylweddolais i fod Elwyn
> wedi codi arna' i am ddau becyn o sigaréts yn lle un.
>
> Nid dyna'r tro cyntaf imi glywed ei fod wedi gwneud hynny.
> Roedd Ron, ei dad, yn gwneud *yr un fath yn union. Does dim
> rhyfedd* ei fod yn graig o arian.
>
> **Tebyg i ddyn fydd ei lwdn**, sbo. Ond dydw i ddim yn gallu
> stumogi twyll!
>
> Fe est ti 'nôl i ddweud wrtho, gobeithio.
>
> Do, ond un digon digywilydd yw Elwyn, fel y gwyddost ti.

143. Teg edrych tuag adref

It is pleasant to look towards home
Mae mynd adref bob amser yn braf

Wel, mae'r gwyliau 'ma wedi bod yn ardderchog.

Ydyn, mae'n drueni na fydden ni'n gallu aros am wythnos arall.

Wn i ddim am hynny. *Digon yw digon* ac rwy'n barod i fynd adref
nawr.

Rwyt ti bob amser yn dweud hynny.

Ydw, *yr un gân sy gan y gwcw.* Rwy'n hoffi mynd i ffwrdd, ond **teg
edrych tuag adref** ac mae'n amser inni droi 'nôl bellach.

Fe gei di fynd ac fe arhosa' i, 'te!

144. Teilwng i'r gweithiwr ei fwyd

The worker is worthy of his food
Mae'r gweithiwr yn haeddu ei fwyd

Siân, ydy swper yn barod?

Ydy, bron, pam?

Dw i wedi bod yn ymlafnio yn yr hen ardd 'na trwy'r dydd ac
rydw i *ar lwgu.*

Wyt, chwarae teg iti. **Teilwng i'r gweithiwr ei fwyd** ac fe gei di
lond dy fol mewn hanner awr.

Hanner awr, alla' i fyth para cyhyd â hynny

Bydd rhaid iti. Dydy'r tatws ddim wedi berwi eto.

145. 'Tinddu,' meddai'r frân wrth yr wylan

'Blackarse,' said the crow to the seagull

Rhywun sydd â beiau ei hun yn gweld bai ar eraill

(gw. 4, 42, 44)

Weloch chi Tom Lewis, ein Haelod Seneddol ni ar y teledu
neithiwr?

Do. On'd doedd e'n *lladd ar* yr Ysgrifenydd Tramor yn gas am ei
anonestrwydd?

Oedd, ac roedd e'n haeddu hynny ar ôl cael ei ddal yn dweud
celwydd.

Efallai, wir, ond nid Tom Lewis oedd y person i ddannod hynny
iddo ac yntau wedi ei ddal yn hawlio treuliau nad oedd yn
ddyledus iddo pan oedd ar y Cyngor lleol.

'Tinddu,' meddai'r frân wrth yr wylan. Ond mae hynny'n
nodweddiadol o wleidyddion.

146. Tlawd a balch a byw mewn gobaith

Proud and poor and living in hope

Ateb cyffredin i gyfarchiad gan gyfaill neu gydnabod

Sut wyt ti ers llawer dydd?

Tlawd a balch a byw mewn gobaith. A thithau?

Rhywbeth yn debyg, ddywedwn i. A sut mae Mair a'r plant?

Eithaf da ar y funud, ond mae mam Mair yn wael yn yr ysbyty.

Mae'n ddrwg gen i glywed hynny. Gobeithio y gwelliff hi'n fuan.

Diolch, ond rwy'n ofni *does dim dod iddi.*

147. Torri'r got yn ôl y brethyn

To cut the coat according to the cloth
Rhaid byw yn ôl yr adnoddau sydd ar gael

Mae'n anodd iawn ar fyfyrwyr y dyddiau 'ma.
Ydy, rhwng gorfod talu ffioedd a chynnal eu hunain yn ogystal.
Sut mae Alun yn ymdopi ym Mangor?
Mae'n ddigon main arno ar brydiau. Rydyn ni'n ceisio ei helpu ond
   mae arian yn brin a rhaid iddo **dorri'r got yn ôl y brethyn**.
Mae rhaid bod hynny'n anodd gan fod myfyrwyr bob amser yn
   hoffi cael amser da.

148. Trech gwlad nag arglwydd

A country is mightier than a lord
Yn y pen draw, gan bobl gyffredin mae'r gwir nerth

A beth ddigwyddodd pan aeth y dynion ar streic yn y ffatri?
Dywedodd Mr Biggs, y perchennog, y byddai'n diswyddo'*r cwbl*
lot pe na baen nhw'n derbyn gostyngiad yn eu cyflog.
Wrandawon nhw arno fe?
Naddo. Fe fuon nhw ar streic am flwyddyn bron cyn iddo ildio.
Fe ildiodd e?
Do. **Trech gwlad nag arglwydd**, ac ar ôl llawer o ddioddef, fe
   gafodd y dynion eu dymuniad.

149. Trechaf treisied, gwannaf gwaedded (gwichied)

Let the strong oppress and the weak shout (squeal)
Mae'r cryf, fel arfer, yn gormesu'r gwan

Roedd yr Americaniaid yn bomio Affganistan yn ddidostur eto.
Oedden, ond dydw i ddim yn credu bod eu hymdrechion yn cael
   llawer o effaith ar y gelyn.
Mae'r rheiny'n ddigon diogel yn eu hogofâu.
Ydyn, mae'n siwr. Y bobl gyffredin *ar lawr gwlad* sy'n dioddef.
Dyna hanes rhyfeloedd erioed, y tlodion sy'n ei chael hi waethaf.
Ie, '**Trechaf treisied, gwannaf gwichied**' yw hi, rwy'n ofni.

150.   Tri chynnig i Gymro

Three tries for a Welshman
Anogaeth i rywun ddal ati a llwyddo ar y trydydd cynnig

Rwy'n benderfynol o ddringo'r Wyddfa cyn mynd yn rhy hen.
Wyt ti wedi *rhoi cynnig arni*?
Ydw, ddwywaith yn barod. *Cael a chael* oedd hi'r ail dro.
Beth ddigwyddodd?
Y tro cyntaf, fe droeais i ar fy migwrn ryw hanner ffordd i fyny,
   a'r ail dro roedd y niwl mor drwchus nes ei bod hi'n rhy
   beryglus i fentro i'r copa er fy mod o fewn canllath iddo.
Wel, **tri chynnig i Gymro**, medden nhw. Rwyt ti'n siwr o lwyddo
   y tro nesaf.

151.   Trydydd troed i hen, ei ffon

The third foot of the aged is his walking stick
Wrth heneiddio rhaid wrth help i gerdded

Gofalwch wrth fynd i lawr y llwybr. *Cymerwch bwyll*! Mae e'n
   serth ac yn llithrig.
Peidiwch â phoeni. Fe fyddaf yn ofalus ac mae hon gen i i'm
   helpu.
'**Trydydd troed i hen ei ffon**' ac mae angen cymryd pwyll pan
   yw'r llwybr yn wlyb.
Mae hynny'n berffaith wir. Wn i ddim beth wnawn i hebddi.
Bydd pawb ohonom yn falch o gael ffon ryw ddiwrnod.

152. **Un wennol ni wna wanwyn**
One swallow doesn't make a spring
Ni ddylid seilio gobaith ar dystiolaeth wan

Mae'r rhod wedi troi ar ôl gêm dydd Sadwrn, rwy'n credu.
Clywais i eu bod nhw'n lwcus iawn i ennill o bum pwynt.
Nac oedden, wir, ac fe fyddan nhw'n ennill yn gyson o hyn
    ymlaen, rwy'n siwr.
Paid â bod yn siomedig os collan nhw ddydd Sadwrn nesaf yn
    erbyn Cae-draw. **Un wennol ni wna wanwyn**.
Rwyt ti'n ormod o besimist, Wil. Mae ein lwc ni wedi troi.

153. Unwaith yn ddyn, dwywaith yn blentyn

Once a man, twice a child

Yn ein henaint rydym mor ddiymadferth ag yn ein plentyndod
(gw. 51, 90)

Fe glywais yn y dre y bore 'ma fod Dai Williams wedi mynd i
mewn i gartref hen bobl.

Mae'n flin gen i glywed, ond doedd e ddim yn gallu ymdopi ar ei
ben ei hun.

Nac oedd, erbyn hyn. Roedd rhaid i'w ferch ei fwydo a'i wisgo
hyd yn oed.

Unwaith yn ddyn, dwywaith yn blentyn, *gwaetha'r modd*.

Yn union, ac mae hynny siwr o fod yn anodd i Dai gan ei fod yn
berson mor annibynnol o ran natur.

154. Y ci a gerddo a gaiff

The dog that seeks shall find

Y sawl sy'n cynnig sy'n llwyddo

Mae'r Saeson yn *byw lle mae'r brain yn marw*.

Pam rydych chi'n dweud hynny?

Mae Tom, y mab, wedi bod yn chwilio am waith ers tair blynedd
a methu'n lân â chael dim. Wel, y mis diwethaf, symudodd teulu
o Loegr i mewn i'r pentre ac mae'r tad wedi cael swydd yn syth.

Sut wnaeth e hynny?

Holi, plagio, ffonio, mynd 'nôl a 'mlaen i Swyddfa'r Dôl
ddwywaith y dydd, gwneud niwsans ohono'i hun.

Wel, dyna ti. **Y ci a gerddo a gaiff**. Mae'n talu i fod yn niwsans
ambell waith.

155. Y ci a gyfarth, ni fratha

The dog that barks won't bite
Dydy'r sawl sy'n siarad llawer ddim yn gweithredu
(cymh. 32, 86, 87, 95)

Pwy sy'n mynd i godi problem lleoliad yr ysgol newydd yn y cyfarfod cyhoeddus?

Mae Wil Jones wedi bod yn sôn amdani yn fwy na neb ac rwy'n tybio taw ef fydd yn siarad ar ran y gymuned.

Fe ddylet ti wybod na fydd Wil yn gwneud dim. Wyt ti'n cofio fel roedd e'n *siarad am y gorau* adeg helynt y domen sbwriel, ond ddaeth e ddim hyd yn oed i'r cyfarfod gyda'r cyngor.

Rwyt ti'n iawn, fel arfer **y ci a gyfarth, ni fratha**.

156. Y doeth ni ddywed a ŵyr

The wise do not say what they know
Mae pobl ddoeth yn ddigon call i beidio â dweud popeth
(gw. 45, 121, 141; cymh. 136)

Ydy Ann yn sylweddoli ei bod hi'n ddifrifol wael?

Dw i ddim yn credu?

Ond mae Tom yn gwybod, siwr o fod.

Ydy, fe ddywedodd y meddyg wrtho fe ddoe nad oedd gwella i fod ond mae e'n nabod Ann yn dda ac yn teimlo y bydd yn well iddo beidio â dweud dim.

Y doeth ni ddywed a ŵyr, yn enwedig pan fydd hynny'n gwneud *mwy o ddrwg nag o les*.

157. Y gwaith a ganmol y gweithiwr
The worker is praised by his work
Ei gynnyrch yw'r prawf pennaf o allu gweithiwr

Bydd angen bod yn ofalus wrth ddewis rhywun i roi to newydd
ar y tŷ.
Bydd, ond rwy'*n rhyw ystyried* cael Dai Morris.
Pam dewis Dai?
Roeddwn i'n siarad ag e yn y Llew Du nos Wener ac roedd e'n
dweud wrtho i cymaint o waith toi mae e'n ei wneud yng
Nghaerdydd y dyddiau hyn.
Wyt ti wedi sylwi nad yw e'n cael llawer o waith yn y pentref
nawr?
Chwilio am gytundebau mawr mae e'r dyddiau hyn. Mae ganddo
hysbyseb fawr yn y papur bob wythnos a llawer o bobl ynddi yn
ei ganmol.
Felly wir, ond yn fy nhyb i **y gwaith a ganmol y gweithiwr**, nid
Dai ei hunan. A rhyngot ti a fi does dim llawer o raen ar y
gwaith mae e wedi ei wneud yn yr ardal hon.
Dyna pam mae e'n gweithio cymaint yng Nghaerdydd efallai!

158. (Y) mwyaf ei fost, lleiaf ei orchest
The greater the boast, the least the achievement
Yn aml, y sawl sy'n siarad amdano'i hun fwyaf sy'n cyflawni lleiaf
(cymh. 5, 92, 94, 111)

Roedd Dewi Lewis yn dweud wrtho i neithiwr am ei gampau yn
yr ysgol. Doeddwn i ddim yn sylweddoli ei fod yn gymaint o
sgolor.
Roeddwn i yn yr un dosbarth ag ef, a doedd e ddim yn arbennig o
ddisglair.
Wel, dywedodd e wrtho i taw ef gafodd y canlyniadau Safon A
gorau yn ei flwyddyn.
Lol! Fe fethodd e Safon A y tro cyntaf, a dim ond *crafu dau bwnc*
wnaeth e yr ail dro.
Y mwyaf ei fost, lleiaf ei orchest yw hi yn ei achos e, rwy'n gweld.
Rwy'n ofni eich bod yn iawn.

159. Y sawl a gododd a gollodd ei le

The one who rose lost his/her place
Yr un sy'n codi sy'n colli ei le
(gw. 40)

> Esgusodwch fi, 'machgen i, fy sedd i yw hon.
> Nage wir, roedd hi'n wag pan. . .
> Rwy'n gwybod hynny, ond fi oedd yn eistedd yma. Piciais i draw
> i'r tŷ bach cyn i'r gyngerdd ddechrau.
> Mae'n ddrwg 'da fi am hynny, ond dyw'r seddau yma ddim wedi
> eu rhifo.
> Ond fi oedd . . .
> Fel y dywedais i, mae'n flin 'da fi, ond **y sawl a gododd a gollodd
> ei le** ac rwy'n aros yma.
> Wel, *am fachgen haerllug*!

160. Yng ngenau'r sach y mae tolio

It is at the mouth of the sack that one saves/rations
Os oes rhaid dogni, mae'n well gwneud hynny o'r dechrau

> Mam, ga' i ychydig o arian? *Mae chwant mynd* i'r sinema *arna i.*
> Fe gest ti dy arian poced yn ôl yr arfer ddydd Sadwrn a dim ond
> dydd Mawrth yw hi heddiw.
> Fe es i i'r gêm ddydd Sadwrn, ac ar ôl gwario tipyn yn y disgo yn
> y nos, does gen i ond punt neu ddwy ar ôl.
> Roeddet ti'n gwybod dy fod am weld y ffilm yn yr Odeon ac fe
> ddylet ti fod wedi gwario llai ddydd Sadwrn. **Yng ngenau'r sach
> y mae tolio**.
> Rwy'n sylweddoli hynny nawr, ond doeddwn i ddim yn meddwl
> am y peth o gwbl ddydd Sadwrn.

161.   Ym mhob pen y mae piniwn

In every head there is an opinion
Mae gan bawb ei farn
(gw. 138)

> Ddylen ni ddim bod yn dilyn America *ym mhob dim*.
> Yn achos Rhyfel y Gwlff roedden nhw'n iawn.
> Wn i ddim am hynny. Cafodd llawer o bobl ddiniwed eu lladd.
> Mae hynny'n digwydd mewn rhyfel bob amser ac roedd rhaid
>   cosbi Sadam.
> Cosbi Sadam Hussein, wir! Mae e yno o hyd ac yn gryfach nawr
>   nag adeg y rhyfel.
> **Ym mhob pen mae piniwn** ac yn yr achos 'ma dw i ddim yn
>   cytuno â dy farn di o gwbl.
> Rhaid inni gytuno i anghytuno, felly.

162.   Yn araf deg mae mynd ymhell

Slowly and gently one goes far
Wrth wneud ychydig ar y tro wrth eich pwysau, fe ewch yn bell
(gw. 61, 101, 119)

> Wel, mae'r wal sych 'ma yn edrych yn wych.
> Ydy, er taw fi sy'n dweud. Ac mae'r gwaith bron â dod i ben.
> Mae'n wal hir. Faint o amser mae hi wedi ei gymryd ichi ei chodi?
> Wn i ddim, yn wir. Dechreuais i ryw flwyddyn yn ôl a gwneud
>   ychydig bob dydd.
> Mae eisiau amynedd mawr i wneud gwaith mor fanwl â hwn ac
>   mae'n amlwg taw **yn araf deg mae mynd ymhell**.
> Mae hynny'n ddigon gwir. Does dim modd gwneud gwaith o'r
>   math 'ma *ar garlam*.

163. Ymhell y mae llwynog yn lladd

The fox kills far away

Mae pobl yn gwneud drygioni allan o'u cynefin, mewn lle dieithr

Digwydd gweld y papur lleol wnes i pan oeddwn i ar fy ngwyliau
a darllen bod Eric Edwards wedi ei ddal yn dwyn o siop.

Faswn i erioed wedi dy gredu taset ti heb ddangos y peth imi
mewn du a gwyn, ac yntau'n ddyn mor *uchel ei barch* yn y pentre
'ma .

Rhaid cyfaddef 'mod i hefyd yn ei ystyried yn dipyn o baragon,
ond **ymhell y mae llwynog yn lladd**.

Ie, wir, ond doedd y llwynog yn yr achos 'ma ddim yn ddigon
lwcus i ddianc chwaith.

164. Yr awr dywyllaf yw'r un cyn y wawr

The darkest hour is the one before the dawn

Mae pob sefyllfa ddrwg yn gwella

(gw. 46)

Chlywais i erioed am unrhyw un yn cael y fath anlwc â chi.

Mae'n wir bod pethau wedi *mynd o ddrwg i waeth* yn ddiweddar,
rhwng bod y tŷ wedi mynd ar dân a'r busnes yn methu.

Ond mae afiechyd Mair hyd yn oed yn waeth na hynny.

Ydy, wir. Ond rhaid trio edrych ar yr ochr olau a chredu taw**'r
awr dywyllaf yw'r un cyn y wawr**.

Rydych chi'n ddewr iawn, ond rydych chi'n iawn. *Daw tro ar fyd*
cyn bo hir, fe gewch chi weld!

165. Yr oen yn dysgu i'r ddafad bori

The lamb teaching the sheep to graze

Rhywun dibrofiad yn ceisio dweud wrth rywun profiadol sut i wneud rhywbeth (gw. 89)

Dad, tro'r pŵer i ffwrdd cyn trwsio'r tân trydan.

Dw i wedi gwneud hynny'n barod.

A'r wifren frown yw'r un fyw.

Dw i'n gwybod hynny'n iawn hefyd.

Dad, paid â . . .

Siôn, dw i wedi hen flino ar dy gleber di. Dw i wedi newid cannoedd o blygiau *yn fy nydd*, mwy nag y gwelaist ti erioed.

  Does dim angen i**'r oen ddysgu i'r ddafad bori**, diolch yn fawr.

Doeddwn i ond yn trio helpu.

IDIOMAU AC YMADRODDION

a dweud y gwir – to be honest
agos i'w lle (*ll.*, *ben.*) / agos i'w le (*gwr.*) – close to the mark
am fachgen haerllug! – what an insolent boy!
am oriau bwygilydd – for hours on end
am y tro – for the time being
amau'n fawr – to doubt greatly
ar eu cof (*ll.*) / ar ei gof (*gwr.*) / ar ei chof (*ben.*) – by heart, committed to
    memory
ar fai – to blame
ar fin – on the point of, about to
ar garlam – at speed, post-haste
ar lawr gwlad – at grassroots
ar lwgu – very hungry, starving
ar y clwt – unemployed; lacking money
ar y cyd – together, cooperatively
arllwys y glaw (D) – to pour with rain
at ei glustiau – up to his ears (in debt/love etc.)

beirniadu'n hallt – to criticize harshly
ben bore 'fory – early tomorrow morning
beth wyt ti'n whilia? (D) – what are you talking about?
bob cynnig – every time
bod ar eich ennill – to benefit, to be to the good
bod ganddo ddwylo blewog – that he is/was light fingered/a thief
bod o flaen ei gwell (*ben.*) / bod o flaen ei well (*gwr.*) – to appear in court, to
    be up before a court/magistrate
bod yn edifar am – to regret
bod yn giamstar ar – to be an expert/skilled at
braidd yn – rather
bron â marw eisiau – to long to
bwrw gwreiddiau – to put down roots
byw lle mae'r brain yn marw – to survive where others fail

cadw draw – to keep away
cael a chael – touch and go
cael cam – to be wronged, to be done down
cael hwyl am ei ben – to have fun at his expense
cael hwyl ar – to succeed at (doing something)
calon y gwir – the exact truth
canmol i'r cymylau – to praise to the skies/hilt (lit. clouds)
cant a mil o bethau – a thousand and one things
colli dy bwyll – to lose your reason, to go out of your mind
colli ei limpyn (G) – to lose his temper
crafu dau bwnc – to scrape a pass in two subjects
croen ei din ar ei dalcen (*gwr.*) / croen ei thin ar ei thalcen (*ben.*) – in a bad mood
cymerwch bwyll! – take your time! take care!
cyn iached â'r gneuen – very healthy, as healthy as possible
cyn wired â – as true as
cynnal ei freichiau – to keep his part, to support him
cyrraedd pen ei dennyn – to reach the end of his tether
cysgu fel twrch (D) – to sleep soundly (lit. to sleep like a boar)

chwarae teg iddo/iddyn nhw – fair play to him/them
chwarter call – not in one's right mind, has no sense
chwedlau gwrach – old wives' tales

da chi / da ti – I beg of you!, for goodness' sake!
dan haul – under the sun, in the world
dan law – in hand, under control
daw haul ar fryn – things will improve
daw tro ar fyd – things will change (for better or worse)
dewis rhwng y diawl a'i gwt (D) – no choice at all, a choice of two evils
difyrru'r amser – to pass the time, to while away the time
digon yw digon – enough is enough
dim gobaith caneri (D) – not a hope in hell
diwrnod i'r brenin – an exceedingly enjoyable day; a day off
doedd dim llawer o glem ganddo fe (D) – he didn't have much idea/much of
    a clue
doeddwn i ddim yn synnu damaid – I wasn't at all surprised
does dim clem 'da fi (D) – I haven't a clue
does dim diben – there is no point in

does dim dod iddi – she isn't going to get better
does dim dwywaith – there is no doubt
does dim gwaith yn eu crwyn nhw – they don't know what work is
does dim rhyfedd (yn y byd) – there is no wonder
dro ar ôl tro – time after time
dros ben – exceedingly (yn dilyn yr ansoddair)
dros ei ben a'i glustiau mewn cariad â (*gwr.*) / dros ei phen a'i chlustiau
    mewn cariad â (*ben.*) – head over heels in love
druan â fe / ag ef / â hi! – poor soul!, poor dab!
Duw a ŵyr! – God only knows!
dw i ar gefn fy ngheffyl – I'm well off/affluent (hefyd: I'm on my high horse)
dw i'n synnu damaid – I'm not at all surprised
dweud na siw na miw – to say absolutely nothing
dweud wrth . . . am . . . – to tell (someone) to (do something)
dwyn oddi ar – to steal from
dybia'i / dybiwn i – I think, I suppose, in my opinion
dyna hen dro! – what bad luck!

ddim yn poeni ffeuen (G) – not worrying a jot, not worrying at all
ddim yn werth taten goch (D) – not worth a fig (lit. not worth a red potato)
ddydd a nos – night and day

eist! – be quiet!, listen!
er gwaethaf – despite
ers oesoedd – for a long time, since a long time
ers tro byd – for a long time, since a long time

fel petai – so to speak
fel pwll y môr – talkative, loquacious
fy ngorau glas – my level best

gan bwyll – leisurely, carefully
gwaetha'r modd – worst luck, unfortunately
gweddu i'r dim – to suit perfectly/to a tee
gweld eisiau – to miss, to see the need of something/someone
gwnaeth amdano'i hun (G) – he committed suicide
gwneud cawl o – to make a mess of
gwneud ei orau glas – to do his level best

gwnewch hynny â chroeso – do that with pleasure
gwrthod yn lân â . . . – to refuse completely to (do something)
gwybod o hen brofiad – to know from long experience
gyda hyn – before very long, soon

i fod (i) – supposed to

law yn llaw – hand in hand

lladd ar – to criticize

mae chwant mynd arna' i (D) – I feel like going, I have a desire to go
mae rhywbeth dan ei ewin – he has something worth saying
mae'n ddigon main arno – he's suffering hard times
mae'n hen bryd – it's high time
mae'r rhod wedi troi – things have changed (lit. the wheel has turned)
man a man inni (D) – we might as well
mentro arni – to give it a go, to give it a try
mentro 'mywyd / fy mywyd – to risk my life
mewn da bryd – in good time
mor dwp â sledj – very stupid
mor hen ag Adda – as old as the hills (lit. as old as Adam)
mwy o ddrwg nag o les – more harm than good
myn brain/diawl i! – good gracious!, stone the crows!
mynd ar eu gwaered (G) – to deteriorate, to go downhill
mynd o ddrwg i waeth – to go from bad to worse
mynd o flaen gofid – to worry prematurely
mynd o'i le – to go wrong, to go awry

nawr ac yn y man (D) – now and again
newydd dderbyn – just received
newydd sbon – brand new
nid ar chwarae bach – not easily, not without effort

o blaid –in favour of, for (wrth siarad, pleidleisio ac ati)
o leiaf – at least

paid â sôn! – you don't say!, never!, don't mention it!

pam ar wyneb y ddaear? – why on earth?
prin eu bod nhw – they are hardly/scarcely
rwy'n credu ar fy nghalon – I really believe, I believe sincerely
rwyt ti yn llygad dy le! – you're dead right!, you're completely correct

rhoi caead ar biser rhywun (G) – to shut someone up
rhoi cynnig arni – to give it a go/a try
rhoi dy fryd ar . . . – to set your heart on (something), to make your mind up
    to (do something)
rhoi halen ar y briw – to put salt on the wound
rhoi'r gorau iddi – to give it up
rhywun rywun – any old one/any Tom, Dick or Harry

sawl un o'i gwmnïau – a number of his companies
siarad am y gorau – to talk more than anyone
siarad fel pwll y môr – to talk fifteen to the dozen
si ar led – a rumour going around

talu ar ei ganfed – to pay handsomely
talu'n hallt am – to pay through the nose for, to pay a high price for
taro'r hoelen ar ei phen – to hit the nail on the head
tatws o'r un rhych – birds of a feather (lit. potatoes from the same furrow)
treulio'n dwll – to wear out completely, to fall to pieces (of clothes, shoes)
trin a thrafod – to discuss
trwy gydol ei oes – throughout his life
twlc o le – a very dirty place (lit. a sty of a place)
tynnu at ein tebyg – to be attracted to people similar to us

uchel ei barch (*gwr.*) / uchel ei pharch (*ben.*) – highly respected
uchel ei gloch (*gwr.*) / uchel ei chloch (*ben.*) – having a great deal to say

wedi hen flino ar – long since thoroughly fed up with something
wedi llyncu mul (G) – has taken offence (lit. has swallowed a mule)
wrth ei fodd – in his element

y byd sydd ohoni – in the contemporary world
y cwbl lot – every single one
y fath beth – such a thing

y pethe – those cultural matters which concern Welsh speakers (lit. the things)

y pryd hynny – then, at that time

yng ngheg y byd – commonly known, common knowledge

ym mhob dim – in every detail

yn barod iawn eu cymwynas (*ll.*) – always willing to help (they)

yn blwmp ac yn blaen – bluntly, with no holds barred

yn dawel fach – very quietly, secretly

yn feddw gaib – blind drunk, reeling drunk

yn fodd i fyw – a way of life

yn fy myw – for the life of me

yn fy nydd – in my time

yn gacwn wyllt – stark raving mad, very angry

yn graig o arian – very rich

yn groes i'w natur – not in his nature

yn hwyr neu'n hwyrach – sooner or later

yn hynny o beth – as far as that's concerned

yn llwyr gyfrifol am – completely responsible for

yn ôl eich arfer – as is your custom

yn ôl y sôn – as rumour has it

yn rhyw ystyried – sort of considering, mildly considering

yn syth bin – immediately

yn y bôn – basically

yn y pen draw – in the long run

yr un ddimai goch – one brass farthing (lit. one red halfpenny)

yr un fath yn union – exactly the same, exactly similar

yr un gân sy gan y gwcw – he never changes his tune (lit. the cuckoo always has the same song)

GEIRFA

a geir *ym*: what one gets
aberthu *be*: to sacrifice
abl *ans*: able, able bodied
achos *eg*: a case; a reason
achub *be*: to save
adeg *eb*: a time, a period
aderyn *eg*: a bird
adfyd *eg*: adversity, affliction
adnoddau *ell*: resources
adolygu *be*: to revise, to review
adran *eb* (*ll.* -nau): department, section, league
adref *adf*: homewards
adroddiad *eg* (*ll.* -au): a report, a statement
addewid *egb* (*ll.* -ion): a promise
addo *be*: to promise
addurn *eg*: an ornament, a decoration
aelod *eg* (*ll.* -au): a member
Aelod Seneddol (AS) *eg*: a Member of Parliament (MP)
afal *eg* (*ll.* -au): an apple
afiechyd *eg* (*ll.* -on): an illness, a disease
agwedd *eb* (*ll.* -au): an attitude, an aspect
angau *eg*: death
angel *eg* (*ll.* angylion): an angel
angen *eg* (*ll.* anghenion): need
angenrheidiol *ans*: necessary
anghofio (am) *be*: to forget (about)
anghydfod *eg* (*ll.* -au): a disagreement
anghytuno *be*: to disagree

anghywir *ans*: wrong, incorrect
angladd *egb* (*ll.* -au): a funeral
ail *ans*: second
ail ganrif ar bymtheg *eb*: seventeenth century
ailadrodd *be*: to repeat
am y tro *ym*: for the time being
amatur *ans*: amateur
amau *be*: to doubt, to suspect
amgylchedd *eg*: environment
amgylchiadau *ell*: circumstances
amhosibl *ans*: impossible
amlwg *ans*: obvious, conspicuous, prominent
amserlen *eb* (*ll.* -ni): a timetable
amynedd *eg*: patience
anelu *be*: to aim
anfeidrol *ans*: infinite
anfodlon *ans*: unwilling, dissatisfied
anfoesgar *ans*: rude, discourteous
anffawd *eb* (*ll.* anffodion): misfortune
anhawster *eg* (*ll.* anawsterau): a difficulty
anhraethol *ans*: inexpressible, unspeakable
anlwc *eg*: bad luck
annibynnol *ans*: independent
annoeth *ans*: unwise
annymunol *ans*: unpleasant, undesirable
anochel *ans*: inevitable
anogaeth *eb* (*ll.* -au): exhortation

anodd *ans*: difficult
anoddaf *ans*: most difficult
anonest *ans*: dishonest
anonestrwydd *eg*: dishonesty
anos *ans*: more difficult
ansoddair *eg* (*ll.* ansoddeiriau): adjective
anrheg *eb* (*ll.* -ion): a present
apwyntiad *eg* (*ll.* -au): an appointment
ar brydiau *ym*: at times
ar fai *ym*: at fault, to blame
ar fyrder *ym*: immediately, soon
ar gael *ym*: available
ar garlam *ym*: swiftly, in a hurry
ar goll *ym*: lost
ar hyn o bryd *ym*: at the moment
ar lafar *ym*: spoken
ar lafar gwlad *ym*: in common (spoken) usage
ar led *ym*: abroad, around
ar ran *ym*: on behalf of
ar unwaith *ym*: at once
ar wahân i *ym*: apart from
ar wasgar *ym*: scattered
ar werth *ym*: for sale
ar y cyfan *ym*: on the whole
araf deg *ym*: slowly
araith *eb* (*ll.* areithiau): a speech
arbed *be*: to save
arbennig *ans*: particular, special
archwilio *be*: to examine
ardal *eb* (*ll.* -oedd): a district
arddangos *be*: to display, to exhibit
arddegau *ell*: teens
ardderchog *ans*: excellent
arddwrn *eg* (*ll.* arddyrnau): a wrist
aredig *be*: to plough
arf *eg* (*ll.* -au): a tool, a weapon

arfer *egb* (*ll.* -ion): a custom, a practice
arglwydd *eg* (*ll.* -i): a lord
argraffu *be*: to print
arholiad *eg* (*ll.* -au): an examination
arian *eg*: money
arllwys *be*: to pour
arolygwr (*ll.* arolygwyr): inspector, superintendent
artist *eg* (*ll.* -iaid): an artist
arwain *be*: to lead, to conduct
arwydd *eg* (*ll.* -ion): a sign
atal *be*: to stop, to prevent
ateb *be*: to answer
    eg (*ll.* -ion): an answer
atgyweirio *be*: to repair
atodiad *eg* (*ll.* -au): an appendix, a supplement
athrylith *eb* (*ll.* -oedd): a genius, a talent
aur *eg*: gold
awdur *eg* (*ll.* -on): an author
awdurdod *eg* (*ll.* -au): an authority
awgrym *eg* (*ll.* -iadau): a suggestion
awgrymu *be*: to suggest
awr *eb* (*ll.* oriau): an hour
awyddus *ans*: eager, desirous
awyren *eb* (*ll.* -nau): an aeroplane

bachog *ans*: pithy, incisive
bai *eg* (*ll.* beiau): a fault
balch *ans*: proud
bargen *eb* (*ll.* bargeinion): a bargain
barn *eb* (*ll.* -au): a judgement, an opinion
barnu *be*: to judge
batri *eg* (*ll.* -s, batrïau): a battery
bedd *eg* (*ll.* -au): a grave
beirniadol *ans*: critical
beirniadu *be*: to criticize

bellach *adf*: by now, from now on
bendigedig *ans*: excellent
berwi *be*: to boil
beth bynnag *ym*: however, whatever
beth yn y byd? *ym*: what on earth?
blaen *ans*: front
blewog *ans*: hairy
blewyn *eg* (*ll*. blew): a hair
blwch *eg* (*ll*. blychau): a box
blwyddyn *eb* (*ll*. blynyddoedd): a year
bob cam *ym*: all the way
bod wrthi *be*: to be at it, to be involved
  in, working at
bodlon *ans*: satisfied
boddi *be*: to drown
bol *eg* (*ll*. boliau): a stomach, a belly
bôn *eg* (*ll*. -au): a base
bore gwyn *ym*: early morning
bost *eg*: a boast
brad *eg* (*ll*. -au): treachery
braf *ans*: fine, nice
brân *eb* (*ll*. brain): a crow
bras *ans*: fat, rich
brathu *be*: to bite
brethyn *eg* (*ll*. -nau): cloth
bri *eg*: fame, honour, prestige
brifo *be*: to hurt
brig *eg* (*ll*. -au): top, summit
briw *eg* (*ll*. -iau): a wound, a cut
Bro Morgannwg *eb*: the Vale of
  Glamorgan
brodwaith *eg*: embroidery
bron *adf*: almost
brwnt *ans*: dirty (D); cruel (G)
bryd *eg* (*ll*. -iau): mind, intent
buddiol *ans*: beneficial, profitable
buddsoddi *be*: to invest
bugail *eg* (*ll*. bugeiliaid): a shepherd

busnes *eg* (*ll*. -au, -ion): a business
bwlian *be*: to bully
bwriadu *be*: to intend
bwrw eira *be*: to snow
bws *eg* (*ll*. bysys): a bus
bwthyn *eg* (*ll*. bythynnod): a cottage
bwyd *eg* (*ll*. -ydd): food
bychanu *be*: to belittle
byddar *ans*: deaf
bygwth *be*: to threaten
byth *adf*: never, ever
byw *be*: to live
  ans: living
bywiog *ans*: lively
bywyd *eg* (*ll*. -au): a life

cadeirio *be*: to chair
cadno (D) *eg* (*ll*. cadnoaid): a fox
cadw i fyny *ym*: to keep up
cadw-mi-gei *eg*: a piggy bank,
  moneybox
cadwyn *eb* (*ll*. -i, -au): a chain
cae *eg* (caeau): a field
caead *eg* (*ll*. -au): a lid, a cover
cael ar ddeall *ym*: to be given to
  understand
cael gafael ar *be*: to get hold of
cael gwared â/ar *be*: to get rid of
cael llond bol *be*: to be fed up, to have
  enough/a bellyful
caeth *ans*: confined, strict, constricting
cais *eg* (*ll*. ceisiadau): a try (rugby), a
  request, an application
caled *ans*: hard
calon *eb* (calonnau): a heart
call *ans*: wise, prudent
callio *be*: to wise up; to become wise
cam *eg* (camau): a step

cam-drin *be*: to ill-treat, to abuse

camp *eb* (*ll.* -au): a feat, an achievement

camsyniad *eg* (*ll.* -au): a mistake

cân *eb* (*ll.* caneuon): a song

caneri *eg* (*ll.* -s): a canary

caniatâd *eg*: permission, consent

canlyniad *eg* (*ll.* -au): a result

canllath *eb* a hundred yards

canmol *be*: to praise

câr *eg* (*ll.* ceraint): a friend, a kinsman, a relative

carchar *eg* (*ll.* -au): a prison

carden gredyd *eb* / cerdyn credyd *eg* (*ll.* cardiau credyd): a credit card

caregos *ell*: small stones

cariad *eg*: love

cas *ans*: nasty

casgliad *eg* (*ll.* -au): a collection, a conclusion

casglu *be*: to collect

cast *eg* (*ll.* -iau, -au): a trick, a bad habit

castell *eg* (*ll.* cestyll): a castle

cawl *eg*: soup, broth; a mess

cecrus *ans*: quarrelsome

cefn *eg* (*ll.* -au): a back; support

cefnog *ans*: rich

cefnogaeth *eb*: support

ceisio *be*: to try

celwydd *eg* (*ll.* -au): a lie

cenedl *eb* (*ll.* cenhedloedd): a nation

cenfigen *eb*: jealousy

cerdded *be*: to walk

ci *eg* (*ll.* cŵn): a dog

ciaidd *ans*: vicious, brutal

cipio *be*: to snatch

clawdd *eg* (*ll.* cloddiau): an embankment, a ditch

cleber *egb*: tattle, small talk

clefyd *eg* (*ll.* -au): a disease

cleisio *be*: to bruise

clem *eg*: a notion, an idea

cloch *eb* (*ll.* clychau): a bell

clod *egb* (*ll.* -ydd): praise

cloff *ans*: lame

clust *eb* (*ll.* -iau): an ear

clwt *eg* (*ll.* clytiau): a patch, a rag, a cloth

clwyd *eb* (*ll.* -i): a gate

clwyf *eg* (*ll.* -au): a wound, a disease

clwyf traed a genau *eg*: foot and mouth disease

clywed *be*: to hear

cnoi *be*: to bite

cnwd *eg* (*ll.* cnydau): a crop

codiad *eg* (*ll.* -au): a rise

coeden *eb* (*ll.* coed): a tree

cof *eg*: memory

cofiadwy *ans*: memorable

cofio *be*: to remember

cofnodi *be*: to record (in writing)

coleg *eg* (*ll.* -au): a college

colli *be*: to lose

copa *eg* (*ll.* -on): a summit

corfforol *ans*: physical

cosb *eb* (*ll.* -au): a punishment

cosbi *be*: to punish

cot (D) / côt (G) *eb* (*ll.* -iau): a coat

crac *ans*: angry

crafu *be*: to scratch

craig *eb* (*ll.* creigiau): a rock

craig o arian *ym*: very well off, wealthy

crand *ans*: grand

creadur *eg* (*ll.* -iaid): a creature

credadwy *ans*: credible

credu *be*: to believe

crefftwaith *eg*: craftsmanship

crefftwr *eg* (*ll*. crefftwyr): a craftsman

creu *be*: to create

croesi *be*: to cross

cropian *be*: to creep, to crawl

croten *eb* (*ll*. -nod) (D): a girl

crwt *eg* (*ll*. cryts) (D): a boy, a lad

crwyn *ell* (*un*. croen): skins

cryfhau *be*: to strengthen

cryno *ans*: compact

cryno-ddysg *eb* concise knowledge (a pun on 'cryno-ddisg' = CD/compact disc)

crynhoi *be*: to summarize

crys *eg* (*ll*. crysau): a shirt

cuddio *be*: to hide

curo *be*: to beat

cwbl *eg*: all, everything

cwcw *eb* (*ll*. -cwcŵod): a cuckoo

cwmni *eg* (*ll*. cwmnïau): a company

cwpwl *eg* (*ll*. cyplau): a couple

cwpwrdd *eg* (*ll*. cypyrddau): a cupboard

cwrdd (â) *be* (D): to meet

cwrtais *ans*: courteous

cwsg *eg*: sleep

cwt *egb* (*ll*. cytau): a tail; a queue

cwta *ans*: short

cwts dan staer *eg* (D): cupboard under the stairs

cwyno *be*: to complain

cybydd-dod *eg*: miserliness

cychwyn *be*: to start

cyd-athrawon *ell*: fellow teachers

cydnabod *egb* (*ll*. cydnabyddion): an aquaintance
be: to acknowledge

cydweithio (â): *be*: to cooperate (with)

cyfaddawdu *be*: to compromise

cyfaddef *be*: to admit

cyfan *ans*: whole

cyfarchiad *eg* (*ll*. -au, cyfarchion): a greeting

cyfarfod *eg* (*ll*. -ydd): a meeting

cyfarfod (â) *be*: to meet

cyfartal *ans*: equal

cyfarth *be*: to bark

cyfarwydd (â) *ans, ym*: familiar (with); (to be) used to

cyfarwyddwr *eg* (*ll*. cyfarwyddwyr): a director

cyfeirio (at) *be*: to direct; to refer (to)

cyfiawnhau *be*: to justify

cyfieithiad *eg*: a translation

cyflawn *ans*: complete

cyflawni *be*: to fulfil

cyflog *eg* (*ll*. -au): a salary

cyflogi *be*: to employ

cyflogwr *eg* (cyflogwyr): an employer

cyflwr *eg* (*ll*. cyflyrau): condition

cyflwyno *be*: to introduce

cyflym *ans*: quick, fast

cyfnewidiol *ans*: changeable

cyfoeth *eg*: wealth

cyfoethog *ans*: rich

cyfoglyd *ans*: sickening

cyforiog *ans*: abounding, overflowing

cyfranddaliad *eg* (*ll*. -au): a share (in a company)

cyfraniad *eg* (*ll*. -au): a contribution

cyfrannu (i/at) *be*: to contribute (to)

cyfrif *be*: to count

cyfrifol (am) *ans*: responsible (for)

cyfrinachol *ans*: secret

cyfrol *eb* (*ll*. -au): a volume

cyfryngau *ell*: media

cyfweliad *eg* (*ll*. -au): an interview

cyfyngu (i) *be*: to confine (to)
cyffredin *ans*: common
cyffredinol *ans*: general
cyffur *eg* (*ll.* -iau): a drug
cyffylog *eg* (*ll.* -od): a woodcock
cyffyrddiad *eg* (*ll.* -au): a touch, a
  contact
cyngerdd *egb* (*ll.* cyngherddau): a
  concert
cynghanedd *eb* (*ll.* cynganeddion):
  metrical consonance (in poetry)
cynghorydd *eg* (*ll.* cynghorwyr): a
  councillor
cyngor *eg* (*ll.* cynghorau): a council
cyhoeddi *be*: to announce
cyhoeddus *ans*: public
cyhuddiad *eg* (*ll.* -au): an accusation
cyhyd (â) *ans*: as long (as)
cylch *eg* (*ll.* -oedd): a circle, a district
cyll *b* (>colli): loses, misses
cyllid *eg*: finance
cymaint (o) *ans*: so many (of), as
  many
cymar *eg*: a partner, a spouse
cymdeithas *eb* (*ll.* -au): a society
cymdeithas tai *eb*: a housing association
cymdoges *eb* (*ll.* -au): a female
  neighbour
cymeriad *eg* (*ll.* -au): a character
cymesuredd *eg*: symmetry
cymharu (â) *be*: to compare (with)
cymhwyster *eg* (*ll.* cymwysterau): a
  qualification
Cymreigaidd *ans*: Welsh-like
Cymro *eg* (*ll.* Cymry): a Welshman
cymryd *be*: to take
cymryd ffansi at *ym*: to take a fancy to
cymryd pwyll *ym*: to take one's time

cymryd rhan *ym*: to take part
cymuned *eb* (*ll.* -au): a community
cymydog *eg* (*ll.* cymdogion): a
  neighbour
cyn bo hir *ym*: before long
cyn-brifathro *eg* (*ll.* cyn-brifathrawon):
  a former headmaster
cynddrwg â *ans*: as bad as
cynefin *eg*: habitat
  ans: familiar
cynefindra *eg*: familiarity
cynffon *eb* (*ll.* -nau): a tail
cynhorthwy (*ll.* cynorthwyon): a help,
  an aid
cynhwysfawr *ans*: comprehensive
cynhysgaeth *eb*: inheritance
cynilo *be*: to save (money)
cynnal *be*: to hold, to maintain
  ans: maintainance
cynnar *ans*: early
cynnau *be*: to light, to ignite
cynnen *eb* (*ll.* cynhennau): contention,
  strife
cynnig (i) *be*: to offer (to)
  eg: an attempt
cynnwys *be*: to contain, to include
cynnyrch *eg* (*ll.* cynhyrchion): produce,
  a product
cynrychioliadol *ans*: representative
cynt *ans*: previously, earlier
cyntaf *ans*: first
cyrraedd *be*: to arrive
cyson *ans*: regular, consistent
cystadlu (â): *be*: to compete (with)
cystal (â): *ans*: as good (as)
cystrawen *eb* (*ll.* -nau): syntax, a
  grammatical construction
cyswllt *eg* a connection

cysylltiad *eg* (*ll.* -au): a connection

cysylltu (â) *be*: to connect (with), to contact

cytundeb *eg* (*ll.* -au): an agreement, a contract

cytuno (â): *be*: to agree (with)

cythraul *eg* (*ll.* cythreuliaid): a devil

cyw *eg* (*ll.* cywion): a chick

cywain *be*: to garner, to gather in (hay etc.)

cywilydd *eg*: shame

cywiro *be*: to correct

chwaith *adf*: either

chwant *eg* (*ll.* -au): a desire, an appetite

chwarae teg *ym*: fair play

chwarae triwant *ym*: to play truant

chwarter *eg* (*ll.* -i): a quarter

chwedegau *ell*: sixties

chwedl *eb* (*ll.* -au): a tale, a fable

chwerthin (am ben): *be*: to laugh (at)

chwilio (am): *be*: to search (for)

chwyn *ell*: weeds

chwynnu *be*: to weed

chwythu *be*: to blow

dangos *be*: to show

dal at *be*: to persevere (with)

dall *ans*: blind

dannod *be*: to reproach, to taunt

dant *eg* (*ll.* dannedd): a tooth

darganfod *be*: to discover

darlith *eb* (*ll.* -iau): a lecture

datblygu *be*: to develop

datgan *be*: to proclaim, to declare

datgelu *be*: to reveal

datrys *be*: to solve

dathlu *be*: to celebrate

dawn *eb* (*ll.* doniau): a skill, a talent

deallus *ans*: intelligent

defnyddio *be*: to use

defnyddiol *ans*: useful

dengys *b* (>dangos): shows, will show

deialog *eb* (*ll.* -au): a dialogue

deillion *ell*: blind people

deiseb *eb* (*ll.* -au): a petition

delw *eb* (*ll.* -au): an idol, an image

derbyn *be*: to receive, to accept

deuparth *ans*: two thirds

dewis *be*: to choose

    eg: a choice

dewr *ans*: brave

dianc *be*: to escape

diarddel *be*: to expel

diawl *eg* (*ll.* -iaid): a devil

diben *eg* (*ll.* -ion): a purpose, an objective

dibrofiad *ans*: inexperienced

dibwys *ans*: unimportant, trivial

dibynnu (ar) *be*: to depend (on)

didostur *ans*: merciless

diddordeb *eg* (*ll.* -au): an interest

dieithr *ans*: strange, unfamiliar

dieithryn *eg* (*ll.* dieithriaid): a stranger

diemwnt *eg* (*ll.* -au): a diamond

dieuog *ans*: innocent, not guilty

difa *be*: to destroy, to put down (an animal)

'difaru (>edifaru) *be*: to regret

difetha *be*: to spoil

diflannu *be*: to disappear

diflas *ans*: miserable

difrifol *ans*: serious

difyrru *be*: to entertain, to amuse

diffinio *be*: to define

diffygiol *ans*: faulty, lacking

digonedd o *ans*: plenty of

digwydd *be*: to happen

digwyddiad *eg* (*ll.* -au): an event, an occurrence

digywilydd *ans*: shameless, impudent

dihareb *eb* (*ll.* diarhebion): a proverb

di-ildio *ans*: unyielding

dileu *be*: to delete

dillad isaf *ell*: underclothes

diniwed *ans*: harmless, ingenuous

dioddef *be*: to suffer

diog *ans*: lazy

diogel *ans*: safe

diogi *eg*: laziness

diolch byth *ym*: thank heavens

diraen *ans*: shabby

dirgelwch *eg*: a mystery

dirprwy *ans*: deputy

diserch *ans*: surly, sulky

disglair *ans*: brilliant, shining

disgleirio *be*: to shine

disgo *eg* (*ll.* -s): a disco

disgrifio *be*: to describe

distaw *ans*: silent, quiet

diswyddo *be*: to sack

diwaelod *ans*: bottomless

diwedd *eg*: end, termination

diwyg *eg*: layout, appearance

diwylliedig *ans*: cultured

diymadferth *ans*: helpless

do'i *b* (>dod): I'll come

dod ar draws *ym*: to come across

dod o hyd i *ym*: to come across, to find

doe *eg*: yesterday

doeth *ans*: wise

doethair *eg*: a wise word

doethineb *eg* (*ll.* -au): wisdom

dogni *be*: to ration

dolen *eb* (*ll.* -ni): a handle, a link

dolur *eg* (*ll.* -iau): ache, pain, ailment

dosbarth *eg* (*ll.* -au, -iadau): a class

drain *ell* (un. draenen): thorns

draw *adf*: yonder

dringo *be*: to climb

dro arall *adf*: at other times, at another time

dros ben *ym*: extremely

drutach *ans*: dearer, more expensive

drwg *ans*: bad

    eg: badness, wickedness

drwgweithredwr *eg* (*ll.* drwgweithredwyr): wrongdoers

drycin *eb*: stormy weather

drygioni *eg*: wickedness

drysau *ell*: (*un.* drws): doors

dull *eg* (*ll.* -iau): a method

duw *eg* (*ll.* -iau): a god

dwg *b* (>dwyn): steals

dwl *ans*: stupid, dull

dwla' *ans*: the most stupid, the most foolish

dwylo *ell* (un. llaw): hands

dwyn (oddi ar) *be*: to steal (from), to take away (from)

dwywaith *adf*: twice

Dydd Calan *eg*: New Year's Day

dyddiad *eg* (*ll.* -iau): a date

dyfais *eb* (*ll.* dyfeisiadau): an invention

dyfal *ans*: diligent, persistent

dyfeisio *be*: to invent, to devise

dyfodol *eg*: future

dyfynnu *be*: to quote

dyheu *be*: to yearn for

dylanwad *eg* (*ll.* -au): influence

dylanwadol *ans*: influential

dyled *eb* (dyledion): a debt

dyledus *ans*: owing, due

dyletswydd *eb* (*ll.* -au): a duty

dymuno *be*: to wish

dymunol *ans*: pleasant

dyn tywydd *eg*: a weather forecaster

dysg *eb*: education, scholarship, knowledge

dywed *b* (>dweud): says

dywediad *eg* (*ll.* -au): a saying

dyweddïo *be*: to betroth, to become engaged to marry

ddoe *adf*: yesterday

edau *eg* (*ll.* edafedd): a thread

edifar *ans*: penitent

efallai *adf*: perhaps

efelychu *be*: to imitate, to copy

effaith *eb* (*ll.* effeithiau): an effect

effeithiol *ans*: effective

eglur *ans*: clear

egluro *be*: to explain

egwyddor *eb* (*ll.* -on): a principle

enghraifft *eb* (*ll.* enghreifftiau): an example

eiddigedd *eg*: jealousy

eiddo *eg*: property

eira *eg*: snow

eist! *ym*: be quiet!

eli *eg* (*ll.* elïau): an ointment, a salve

emyn *eg* (*ll.* -au): a hymn

ennill *be*: to win

enw da *ym*: a good reputation

enwedig *ans*: especial

enwog *ans*: famous

er gwell *ym*: for the better

er mwyn *ym*: for the sake of, in order to

erbyn hyn *ym*: by now

ergyd *egb* (*ll.* -ion): a blow, a shot

erioed *adf*: ever, never, at all

erlid *be*: to chase, to pursue

ers tro *adf*: since some time, for a long time

erys *b* (>aros): remain(s), is/are still there

esboniad *eg*: an explanation

esbonio *be*: to explain

esgeuluso *be*: to neglect

esgeulustod *eg* neglect, carelessness

esgus *eg*: an excuse, a pretence

etifeddu *be*: to inherit

etholwr *eg* (*ll.* etholwyr): an elector

euog *ans*: guilty

euogrwydd *eg*: guilt

ewin *egb* (*ll.* ewinedd): a nail, a claw

ewyllys *eb*: a will, a last testament

'fallai *adf* (>efallai): perhaps

fel arall *ym*: otherwise

felly *adf*: therefore

fesul ychydig *ym*: bit by bit

fwyfwy *adf*: increasingly, more and more

ffafriaeth *eb*: favouritism

ffaeledd *eg* (*ll.* -au): a fault

ffaith *eb* (*ll.* ffeithiau): a fact

ffatri *eb* (*ll.* ffatrïoedd): a factory

ffeindio *be*: to find

ffens *eb* (*ll.* -ys, -iau): a fence

ffermio *be*: to farm

ffermwr *eg* (*ll.* ffermwyr): a farmer

ffeuen *eb* (*ll.* ffa): a bean

ffi *eb* (*ll.* -oedd): a fee

ffin *eb* (*ll.* -iau): a boundary, a limit

ffiseg *eb*: physics

ffodus *ans*: lucky

ffoi *be*: to flee
ffôl *ans*: foolish
ffolach *ans*: more foolish
ffoli ar *be*: to dote on
ffon *eb* (*ll*. ffyn): a walking stick
ffordd *eb* (*ll*. ffyrdd): a way, a method
fforddio *be*: to afford
Ffrangeg *eb*: the French language
ffrynt *ans*: front
ffunud *eg* (*ll*. -au): a form, a manner
ffurfafen *eb*: sky, firmament
ffyddiog *ans*: hopeful, confident
ffyrnig *ans*: fierce

gadael *be*: to leave
gadael i *be*: to allow
gaeaf *eg* (*ll*. -au): winter
Gaeleg *eb*: the Scottish Gaelic language
gafael (yn) *be*: to take hold (of), to grasp
gair *eg* (*ll*. geiriau): a word
galar *eg*: grief, mourning
galw *be*: to shout, to call
galluocaf *ans*: most able
gan bwyll *ym*: at a leisurely pace, unhurried
gan gynnwys *ym*: including
gardd *eb* (*ll*. gerddi): a garden
garddwr *eg* (*ll*. garddwyr): a gardener
garw *ans*: rough
geirfa *eb* (*ll*. -oedd): a vocabulary
geiriadurwr *eg* (*ll*. geiriadurwyr): a lexicographer
gem *ebg* (*ll*. -au): a gem
genau *eg* (*ll*. geneuau): a mouth
giamster *eg* (*ll*. -s): an expert, a crack hand
glas *ans*: blue, green
glynu (wrth) *be*: to adhere (to), to stick (to)

gobaith *eg* (*ll*. gobeithion): hope
gobeithio *be*: to hope
gofalu (am) *be*: to take care (of)
gofalus *ans*: careful
gofid *eg* (*ll*. -iau): a worry, a care
gofidio (am) *be*: to worry (about)
gofyn (i) *be*: to ask
golau *eg* (*ll*. goleuadau): a light
golud *eg*: wealth
golwg *egb*: sight, appearance
golygu *be*: to mean, to entail
golygus *ans*: handsome
gorau *ans*: the best
gorchest *eb* (*ll*. -ion): feat, excellence
gorfod *eg*: obligation
gorffen *be*: to finish
gorffennol *eg*: the past
gorllewin *eg*: the west
gormesu *be*: to oppress
gormod *eg*: excess
gosod *be*: to fix
gostwng *be*: to lower, to reduce
gostyngiad *eg*: a reduction
gradd *eb* (*ll*. -au): a degree
graddedigion *ell*: graduates
graen *eg*: grain, condition
greddf *eb* (*ll*. -au): instinct, disposition
griddfan *be*: to groan
grŵp *eg* (*ll*. -iau): a group
gwadn *eg* (*ll*. -au): sole (of foot)
gwadu *be*: to deny
gwaed *eg*: blood
gwael *ans*: poor, ill
gwaelod *eg* (*ll*. -ion): bottom
gwaeth *ans*: worse
gwaetha'r modd *ym*: worse luck
gwaethaf *ans*: the worst
gwag *ans*: empty

gwahaniaeth *eg* (*ll.* -au): difference
gwahanol *ans*: different
gwahoddiad *eg* (*ll.* -au): an invitation
gwair *eg*: hay, grass
gwaith *eg*: work
gwalch *eg* (*ll.* gweilch): a rascal
gwan *ans*: weak
gwannaf *ans*: the weakest
gwanwyn *eg*: spring
gwario *be*: to spend
gwarth *eg*: shame, disgrace
gwarthus *ans*: shameful, disgraceful
gwasanaeth *eg* (*ll.* -au): a service
gwasg *eb* (*ll.* gweisg): a press, printing
    press
gwastraff *eg*: waste, extravagance
gwastraffu *be*: to waste
gwawr *eb*: dawn
gw' boi *ym*: good boy
gweddill *eg*: remainder, rest
gweddu *be*: to suit
gweddw *eb* (*ll.* -on): a widow
gweiddi *be*: to shout
gwegil *egb* nape of the neck
gweigion *ans* (*ll.*): empty
gweiniaid *ell*: weak
gweinidog *eg* (*ll.* -ion): a minister
gweithio *be*: to work
gweithiwr ffatri *eg*: a factory worker
gweithredu *be*: to act, to operate
gwêl *b* (>gweld): sees
gweld bai ar *ym*: to find fault with
gwell *ans*: better
gwella *be*: to improve
gwelliant *eg* (gwelliannau): an
    improvement
gwên *eb* (*ll.* gwenau): a smile
gwendid *eg* (*ll.* -au): a fault, a weakness

gwennol *eb* (*ll.* gwenoliaid): a swallow
    (bird)
gwenu *be*: to smile
gwers *eb* (*ll.* -i): a lesson
gwerslyfr *eg* (*ll.* -au): a textbook
gwerth *eg* (*ll.* -oedd): value
gwerthfawr *ans*: valuable
gwerthfawrogi *be*: to appreciate
gweu *be*: to knit
gwichian *be*: to squeak, to squeal
gwifren *eb* (*ll.* gwifrau): a wire
gwin *eg* (*ll.* -oedd): wine
gwir *eg*: truth
    ans: true
gwireb *eb* (*ll.* -au): a truism, a maxim
gwir i chi *ym*: indeed
gwirionedd *eg* (*ll.* -au): truth
gwisgo *be*: to dress, to wear
gwleidydd *eg* (*ll.* -ion): a politician
gwlyb *ans*: wet
gwnaiff y tro *ym*: it will do, it is/will be
    sufficient
gwneuthur *be*: to make
gŵr gweddw *eg*: a widower
gwrach *eb* (*ll.* -od): a witch
gwraidd *eg* (*ll.* gwreiddiau): a root
gwraig *eb* (*ll.* gwragedd): a wife, a
    woman
gwreichionyn *eg* (*ll.* gwreichion): a spark
gwres *eg*: heat
gwres canolog *eg*: central heating
gwrthod *be*: to refuse
gwrthwynebu *be*: to oppose
gwrthwynebydd *eg*
    (*ll.* gwrthwynebwyr): an opponent
gwybodaeth *eb*: knowledge
gwych *ans*: fine, brilliant
gwydr *eg*: glass

gwylan *eb* (*ll.* -od): a seagull
gwynegon *eg*: rheumatism
gŵyl *eg* (*ll.* gwyliau): a holiday
gwyllt *ans*: wild, impetuous
gwylltio *be*: to lose one's temper
gwynt *eg* (*ll.* -oedd): wind
gŵyr *b* (>gwybod): knows
gynt *adf*: formerly, of yore
gyrru *be*: to drive

haearn *eg*/*ans*: iron
haeddu *be*: to deserve
hael *ans*: generous
haerllug *ans*: impudent
halen *eg*: salt
hallt *ans*: salty; severe, harsh; expensive
hanes *eg* (*ll.* -ion): history
hanfod *eg* (*ll.* -ion): essence (*ll.* essentials)
hanner *eg*: half
hanner canrif *eg*: a half century
hau *be*: to sow
hawdd *ans*: easy
hawl *eg* (*ll.* -iau): a right, authority
haws *ans*: easier
heddlu *eg* (*ll.* -oedd): a police force
helpu *be*: to help
helynt *eg* (*ll.* -ion): trouble, fuss
hen air *ym*: an old saying
hen ffasiwn *ans*: old fashioned
hen lanc *eg*: a bachelor
henach *ans*: older
henaint *eg*: old age
heneiddio *be*: to grow old
herio *be*: to challenge
hidio *be*: to heed, to care
hidiwn i ddim *ym*: I wouldn't mind
hindda *eb*: good weather, fair weather

hir *ans*: long
hoelen *eb* (*ll.* hoelion): a nail
hogi *be*: to sharpen, to whet
holi *be*: to question
honiad *eg* (*ll.* -au): a claim, an assertion
honni *be*: to assert, to claim
hun *eb*: sleep
hunanladdiad *eg* (*ll.* -au): suicide
hwch *eb* (*ll.* hychod): a sow
hwi! *ebych*: hoy!
hwylus *ans*: convenient, easy
hwyr *ans*: late
hwyrach *ans*: later
    adf: perhaps
hyd y gwelaf i *ym*: as far as I can see
hyd yn oed *adf*: even
hyderus *ans*: confident
hyfforddiant *eg*: training, tuition
hŷn *ans*: older
hynafieithydd *eg* (*ll.* hynafieithwyr): an antiquary
hynafol *ans*: ancient, old
hynod o *ans*: extremely
hyrwyddo *be*: to promote, to further
hŷs! *ebych*: used when setting a dog on something
hysbyseb *eb* (*ll.* -ion): an advertisement
hytrach *adf*: rather than

i ffwrdd *adf*: away
i'r dim *ym*: exactly
iach *ans*: healthy
iacháu *be*: to heal
iâr *eb* (*ll.* ieir): a hen
iechyd *eg*: health
ieithyddol *ans*: linguistic
ildio *be*: to yield

ladi *eb* (*ll.* ladis): a lady
lawnt *eb* (*ll.* -iau): a lawn
lifft *eg* (*ll.* -iau): a lift
limpyn *eg*: temper
lol *eb*: nonsense
losin *ell*: sweets
loteri / lotri *eb* (*ll.* lotrïau): a lottery
lwc *eb*: luck
lwcus *ans*: lucky

lladd *be*: to kill
lladd ar *be*: to criticize
llafar *ans*: spoken, colloquial
llafar gwlad *ym*: everyday speech
llafur *eg*: labour, toil
llafurus *ans*: laborious
llai na *ans*: less than
llaid *eg*: mud
llais *eg* (*ll.* lleisiau): a voice
llaith *ans*: damp
llall *rhag*: other, another
llaw fer *eb*: shorthand
llawdrwm *ans*: critical, excessively
  judgemental
llawndra *eg*: abundance, fullness
llawysgrif *eb* (*ll.* -au): a manuscript
lle *adf*: where
lle bwyta *eg*: a restaurant, eating place
lledaenu *be*: to spread, to circulate
lleiaf *ans*: least
lleidr *eg* (*ll.* lladron): a thief
lleill *ell* (*un.* llall): others
lleithder *eg*: moisture, damp
llenyddiaeth *eb* (*ll.* -au): literature
lleol *ans*: local
lleoliad *eg* (*ll.* -au): location
lles *eg*: benefit, good
llestri *ell*: dishes

llif *eg* (*ll.* llifogydd): a flood
llinyn *eg* (*ll.* -nau): a string
llithrig *ans*: slippery
Lloegr *eb*: England
llog *eg* (*ll.* -au): interest (on money)
llosgi *be*: to burn
llun *eg* (*ll.* -iau): shape, image, picture
llwdn *eg* (*ll.* llydnod): a young animal
llwgrwobrwyo *be*: to bribe
llwgu *be*: to starve
llwm *ans*: bare, poor
llwybr *eg* (*ll.* -au): a path
llwyddiannus *ans*: successful
llwyddo *be*: to succeed
llwyn *eg* (*ll.* -i): a bush
llwynog *eg* (*ll.* -od): a fox
llwyr *ans*: total, complete
llyfrgell *eb* (*ll.* -oedd): a library
llyffant *eg* (*ll.* -od): a toad (D); frog (G)
llygad *egb* (*ll.* llygaid): an eye
llygod eglwys *ell*: church mice
llyncu *be*: to swallow
llynedd *adf*: last year
llys *eg* (*ll.* -oedd): a court
llysenw *eg* (*ll.* -au): a nickname
llythrennol *ans*: literal
llythyr *eg* (*ll.* -au, -on): a letter
llywio *be*: to steer, to guide
llywodraeth *eb* (*ll.* -au): a government

mab *eg* (*ll.* meibion)
maddau (i): *be*: to forgive
maes *eg* (*ll.* meysydd): a field
maes o law *adf*: in time, sometime in
  the future
main *ell*: (*un.* maen): stones
malu *be*: to grind, to mince
man *eb*: a spot, a place

mân *ans*: small, fine

mantais *eb* (*ll.* manteision): an advantage

manteisiol *ans*: advantageous

mantol *eb* (*ll.* -ion): balance, scale

mantolen *eb* (*ll.* -ni): a balance sheet

manwl *ans*: detailed

march *eg* (*ll.* meirch): a stallion

marchnad *eb* (-oedd): a market

marwolaeth *eb* (*ll.* -au): death

ma's *adf* (D): out

mater *eg* (*ll.* -ion): a matter

math *eg* (*ll.* -au): a type, a sort

mathemategydd *eg* (*ll.* mathemategwyr): a mathematician

mawrion *ell*: great people, important people

medden nhw *ym*: so they say

meddwl *eg* (*ll.* meddyliau): a mind

meddyg *eg* (*ll.* -on): a doctor

meindio *be*: to mind

meistr *eg* (*ll.* -i): a master

meistroli *be*: to master

melfed *eg*: velvet

melin *eb* (*ll.* -au): a mill

melyn *ans*: yellow

melys *ans*: sweet

menter *eb* (mentrau): venture, project

mentro *be*: to venture, to bet

methiant *eg* (*ll.* methiannau): a failure

Methodistiaeth *eb*: Methodism

methu (â) *be*: to fail (to)

methu'n lân (â) *ym*: to fail completely

mewn gwirionedd *ym*: as a matter of fact

migwrn *eg* (*ll.* migyrnau): an ankle

miliwn *eb* (*ll.* miliynau): a millon

miliynydd *eg* (*ll.* -ion): a millionaire

mochyn *eg* (*ll.* moch): a pig

modfedd *eb* (*ll.* -i): an inch

modrwy *eb* (*ll.* -au): a ring

modd *eg* (*ll.* -ion): means, manner

moel *ans*: bald

mogi *be*: to suffocate

Morgannwg *eb*: Glamorgan

mud *ans*: dumb

mul *eg* (*ll.* -od): a mule

mwg *eg*: smoke

mwyaf *ans*: most

mwyafrif *eg* (*ll.* -oedd): a majority

mwyn *ans*: gentle, mild, pleasant

myfyriwr *eg* (*ll.* myfyrwyr): a student

myn diawl i! *ym*: like hell!

mynegi *be*: to express

mynnu *be*: to insist

Nadolig *eg*: Christmas

nain *eb* (*ll.* neiniau): a grandmother

nam *eg* (*ll.* -au): a defect, a blemish

Natsïaid *ell*: Nazis

natur *eb*: nature

naturiol *ans*: natural

neges *eb* (*ll.* -euon): a message

neidio *be*: to jump

nerth *eg* (*ll.* -oedd): strength

nes ymlaen *ym*: later on

neuadd *eb* (-au): a hall

newid *be*: to change

newid mân *eg*: small change

newydd-ddyfodiaid *ell*: newcomers

newydd sbon *ym*: brand new

nhwythau *rhag*: and they, they too

nifer *egb* (niferoedd): a number

niwed *eg* (*ll.* niweidiau): harm

niwsans *eg*: nuisance

nod *eg* (*ll.* -au): an aim
nodi *be*: to note
nodwedd *eb* (*ll.* -ion): a characteristic, a
  feature
nodweddiadol *ans*: typical
nôl *be*: to fetch
'nôl (>yn ôl) *adf*: back
'nôl a 'mlaen *ym*: back and forth

o bell ffordd *ym*: by a long chalk, by
  any means
o dro i dro *ym*: from time to time
o eiddo *ym*: belonging to
o gwbl *ym*: at all
o ran hynny *ym*: for that matter
o'm rhan i *ym*: for my part
o'r diwedd *ym*: at last
ochr *eb* (*ll.* -au): a side
odl *eb* (*ll.* -au): a rhyme
oddi cartref *ym*: away from home
oedran *eg* (*ll.* -nau): age
oen *eg* (*ll.* ŵyn): a lamb
ogof *eb* (*ll.* -âu): a cave
oes *eb* (*ll.* -au): an age, a lifetime
Oesoedd Canol *ell*: Middle Ages
ofnadwy *ans*: terrible
ofni *be*: to fear, to be afraid
offeryn *eg* (*ll.* offer): an instrument, a
  tool
oni bai am *ym*: without

pant *eg* (*ll.* -au): a hollow
para *be*: to last, to continue
paratoi *be*: to prepare
parcio *be*: to park
parch *eg*: respect
parchu *be*: to respect
parchus *ans*: respectable

pared *eg* (*ll.* parwydydd): a partition
  wall
parod *ans*: ready, willing
pawb *eg*: everybody
pecyn *eg* (*ll.* -nau): a packet
pechod *eg* (*ll.* -au): sin
pedol *eb* (*ll.* -au): a horseshoe
pêl *eb* (*ll.* -i): a ball
pêl-droed *eb*: football
pen *eg* (*ll.* -nau): a boss, a head, an end
pen draw *ym*: the far end, the long run
penderfynol *ans*: determined
penderfynu *be*: to decide (to)
penelin *egb* (*ll.* -oedd): an elbow
pennaeth *eg* (*ll.* penaethiaid): a chief, a
  head, a boss
pennaf *ans*: chief, main
pennill *eg* (*ll.* penillion): a verse
pennod *eb* (*ll.* penodau): a chapter
pensiwn *eg* (*ll.* pensiynau): a pension
pentan *eg*: fireplace, hearth
perchennog *eg* (*ll.* perchnogion): an
  owner
perffaith *ans*: perfect
perfformiad *eg* (*ll.* -au): a performance
perfformiwr *eg* (*ll.* perfformwyr): a
  performer
person *eg* (*ll.* -au): a person
perswadio *be*: to persuade
pert *ans*: pretty, fine
perthnasol *ans*: relevant
perthyn (i): *be*: to belong (to)
perthynas *egb* (*ll.* perthnasau): a
  relative, a relation
peryglus *ans*: dangerous
piau *b*: owns, who owns
picio draw / i mewn *ym*: to pop
  over/in

pig *eb* (*ll.* -au): a beak, a spout
pigo *be*: to peck
pilsen *eb* (*ll.* pils): a pill
piniwn *eg* (*ll.* piniynau): an opinion
piser *eg* (*ll.* -i): a pitcher
plaen *ans*: plain
plagio *be*: to plague
plaid *eb* (*ll.* pleidiau): a party
Plaid Lafur *eb*: Labour Party
plentyndod *eg*: childhood
plesio *be*: to please
plwg *eg* (*ll.* plygiau): a plug
plwyf *eg* (*ll.* -i): a parish
plygu *be*: to bend, to fold
po agosaf y . . . *ym*: the nearer the . . .
pob lwc *ym*: the best of luck
poblogaidd *ans*: popular
poen *eg* (*ll.* -au): a pain
poeni (am) *be*: to worry (about)
poenus *ans*: painful
poeth *ans*: hot
pont *eb* (*ll.* -ydd): a bridge
popeth *eg*: everything
pori *be*: to graze, to browse
posib *ans*: possible
posibilrwydd *eg*: possibility
post *eg* (*ll.* pyst): a post
prawf *eg* (*ll.* profion): a test, proof
pregethwr *eg* (*ll.* pregethwyr): a
  preacher
pren *eg* (*ll.* prennau): wood
prentisiaeth *eb*: an apprenticeship
pridd *eg* soil
prifathro *eg* (*ll.* prifathrawon): a
  headteacher
prifysgol *eb* (*ll.* -ion): a university
prinder *eg*: scarcity
priod *ans*: married

priod-ddull *eg* (*ll.* -iau): an idiom
priodi *be*: to marry
pris *eg* (*ll.* -iau): a price
profedigaeth *eb* (*ll.* -au): a bereavement
profiad *eg* (*ll.* -au): an experience
profiadol *ans*: experienced
protestio *be*: to protest
Prydain *eb*: Britain
pryderus *ans*: worried
prydferthwch *eg*: beauty
prydlon *ans*: prompt
prysur *ans*: busy
prysur fynd *ym*: rapidly going
punt *eb* (*ll.* punnau, punnoedd): a
  pound (money)
pwdin *eg*: pudding
pwdu *be*: to pout, to sulk
pŵer *eg* (*ll.* pwerau): power
pwnc *eg* (*ll.* pynciau): a subject
pwrs *eg* (*ll.* pyrsau): a purse
pwrs y wlad *ym*: the public purse
pwyllgor *eg* (*ll.* -au): a committee
pwynt *eg* (*ll.* -iau): a point
pwysau *eg*: weight, pressure
pwysig *ans*: important
pwysleisio *be*: to emphasize

Rwsia *eb*: Russia
rygbi *eg*: rugby

rhad *ans*: cheap
rhadlon *ans*: affable, kind
rhagarweiniad *eg*: introduction
rhaglen *eb* (*ll.* -ni): a programme
rhagolwg *eg* (*ll.* rhagolygon): prospect,
  outlook
rhagor *ans*: more
rhagweld *be*: to foresee

rhai felly *ym*: ones like that
rhedeg (i ffwrdd) *ym*: to run (away)
rheiny, y *rhag*: those
rhemp *eb*: a defect, a weakness
rheoli *be*: to control
rheolwr banc *eg*: a bank manager
rhestr *eb* (*ll*. -i): a list
rhestru *be*: to list (items)
rhew *eg* (*ll*. -ogydd): frost
rhieni *ell*: parents
rhifo *be*: to number
rhod *eb* (*ll*. -au): a wheel
rhoi cynnig ar *ym*: to have a go at
rhois i *b* (>rhoi): I gave
rhuthro *be*: to rush
rhwystro (rhag) *be*: to hinder (from), to delay, to prevent (from)
rhy *adf*: too much
rhybuddio (rhag) *be*: to warn (against)
rhych *eb* (*ll*. -au): a furrow
Rhydychen *eb*: Oxford
rhydd *ans*: free
Rhyddfrydwr *eg* (*ll*. Rhyddfrydwyr): a Liberal
rhyfedd *ans*: strange, wonderful
rhyfeddu *be*: to wonder
rhyfel *egb* (*ll*. -oedd): a war
Rhyfel y Gwlff *ym*: the Gulf War
rhygnu (ar) *be*: to grate, to harp on
rhyngwladol *ans*: international
rhyw *ans*: some, particular
rhywfodd *adf*: somehow
rhywun *eg*: someone

sach *eb* (*ll*. -au): a sack
safle *eg* (*ll*. -oedd): a position
safon *eb* (*ll*. -au): standard
sail *eb* (*ll*. seiliau): foundation

saithdegau *ell*: seventies
saer *eg* (*ll*. seiri): a carpenter
Saesneg *eb*: the English language
sant *eg* (*ll*. saint, seintiau): a saint
sarrug *ans*: surly
sathredig *ans*: vulgar, used
sawl *ans*: many, a number of
sawru *be*: to smell
sbo *ym*: I suppose
sbwriel *eg*: rubbish, refuse
sedd *eb* (*ll*. -i, -au): a seat
sefydlog *ans*: established, settled
sefyllfa *eb* (*ll*. -oedd): a situation
segura *be*: to idle
seilio (ar) *be*: to base (on)
serch hynny *ym*: despite that
seren *eb* (*ll*. sêr): a star
seren dan gwmwl *ym*: a star in decline
serth *ans*: steep
sgil *eg* (*ll*. -iau): a skill
sgolor *eg* (*ll*. ysgoloriaid): a scholar
sgrech *eb* (*ll*. -iadau): a scream
sgrechian *be*: to scream, to shriek
'sgrifennu *be*: to write
sgrin *eb* (*ll*. -iau): a screen
si *eg* (*ll*. -on): a rumour
siâp *eg* (*ll*. siapiau): a shape
siâr *eb* (*ll*. siariau): a share
siarad (â) *be*: to speak (to)
sicrach *ans*: more sure
sicrhau *be*: to ensure
siom *egb* (*ll*. -au): a disappointment
siomedig *ans*: disappointing
siomi *be*: to disappoint
Sir Gâr *eb*: Carmarthenshire
siriol *ans*: cheerful
siwr *ans*: sure
sledj *eg* (*ll*. -ys): a sledge hammer

sobr *ans*: sober

soeg *eg*: draff (a brewery by-product), dross

sôn (am) *be*: to mention

sothach *eg*: rubbish, trash

straeon *ell*: stories

streic *eb* (*ll*. -iau): a strike

stumogi *be*: to stomach

sut felly? *ym*: why is that?

swil *ans*: shy

sŵn *eg* (*ll*. synau): a sound, a noise

Swistir, Y *eb*: Switzerland

swydd *eb* (*ll*. -i): a job, a post

swyddfa *eb* (*ll*. swyddfeydd): an office

sych *ans*: dry

sychu *be*: to dry

sychter *eg*: dryness

sylfaenol *ans*: basic

sylw *eg*: notice, observation, comment

sylweddoli *be*: to realize

sylwi (ar) *be*: to notice

symud *be*: to move

syndod *eg*: surprise

syniad *eg* (*ll*. -au): an idea

synnu *be*: to be surprised

synnwyr *eg* (*ll*. synhwyrau): a sense

syrthio *be*: to fall

syth *ans*: straight

syth bin *ym*: immediately

taclus *ans*: tidy

tafarn *egb* (*ll*. -au): a pub, a tavern

tafod *eg* (*ll*. -au): a tongue

tafodiaith *eb* (*ll*. tafodieithoedd): a dialect

tagu *be*: to choke

taith *eb* (*ll*. teithiau): a journey

talu *be*: to pay

tamaid *eg* (*ll*. tameidiau): a bit, a piece

tân *eg* (*ll*. tanau): a fire

tant *eg* (*ll*. tannau): a string (of instrument), a chord

taro *be*: to hit, to strike

taten *eb* (*ll*. tatws): a potato

taw *b*: be quiet, you don't say

taw *cys* (D): that it is (= mai)

tawel *ans*: quiet

tebyg (i) *ans*: similar (to), like

tebygol (o) *ans*: likely (to)

teg *ans*: fair, fine

tegan *eg* (*ll*. -au): a toy

teilwng *ans*: worthy

teimlo *be*: to feel

teithio *be*: to travel

teledu *eg*: television

temtio *be*: to tempt

tennyn *eg* (*ll*. tenynnau): a lead, a tether

terfynol *ans*: final

teulu *eg* (*ll*. -oedd): a family

tewi *be*: to be quiet, to shut up

TGAU *ym*: GCSE

tinddu *ans*: black bottomed, black arsed

tipyn (o) *eg*: a bit (of), quite a bit of

tlawd *ans*: poor

tlodion, y *ell*: the poor (people)

to *eg* (*ll*. toeau): a roof

tocyn *eg* (*ll*. -nau): a ticket

toi *be*: to roof

tolio *be*: to save, to ration

toll *eb* (*ll*. -au): a toll, customs' post

tomen *eb* (*ll*. -nydd): a tip, a dump

tonc *eb*: a blow, a tinkle

torfol *ans*: collective, mass

torri *be*: to break

traddodiad *eg* (*ll*. -au): tradition

traethawd *eg* (*ll*. traethodau): an essay

trafod *be*: to discuss
trafodaeth *eb* (*ll*. -au): a discussion
trafferth *eg* (*ll*. -ion): trouble, bother
trech *ans*: mightier, stronger
trechaf *ans*: the strongest, the mightest
trefn *eb* (*ll*. -au): order
trefnu *be*: to arrange, to organize
treisio *be*: to oppress, to rape
treuliau *ell*: expenses
treulio *be*: to spend, to wear out
trigain *eg*: sixty
trin *be*: to handle, to deal with
trio *be*: to try
tro *eg* (*ll*. troeon): a turn, a while, a time
troed *egb* (*ll*. traed): a foot
troednoeth *ans*: barefoot
trosedd *eg* (*ll*. -au): a crime
trosglwyddo *be*: to transfer
truan *eg* (*ll*. trueiniaid): a wretch
trueni *eg*: pity, wretchedness
trwblu *be*: to trouble
trwbwl *eg*: trouble
trwchus *ans*: thick
trwsiadus *ans*: well dressed, smart
trwsio *be*: to repair
trwst *eg*: a commotion, a din
trwyn *eg* (*ll*. -au): a nose
trydan *eg*: electricity
trydydd *ans*: third
trylwyr *ans*: thorough
trylwyredd *eg*: thoroughness
trysor *eg* (*ll*. -au) treasure
trysorydd *eg* (*ll*. -ion): a treasurer
tu hwnt *adf*: beyond
tudalen *egb* (*ll*. -nau): a page
twlc *eg* (*ll*. tylciau): a sty
twll *eg* (*ll*. tyllau): a hole
twp *ans*: stupid

twpsyn *eg*: an idiot, a stupid person
twrch *eg* (*ll*. tyrchod): a mole, a boar
twyll *eg*: deceit, fraud
twyllo *be*: to deceive
tyb *egb* (*ll*. -iau): opinion, conjecture
tybed *adf*: I wonder
tybio *be*: to imagine, to suppose, to
  think
tŷ cyngor *eg*: a council house
tyngu *be*: to swear
tylwyth *eg* (*ll*. -au): family, ancestry
tymer *eb* (*ll*. tymherau): temper,
  temperament
tyn (yn dynn) *ans*: tight, mean
tynnaf *ans*: tightest, tighter
tynnu (at) *be*: to draw, to pull, to be
  attracted (to)
tynnu casgliad *ym*: to come to a
  conclusion
tynnu cast *ym*: to get rid of a fault
tyr *b* (>torri): will break, breaks
tystiolaeth *eb* (*ll*. -au): testimony,
  evidence
tywydd *eg*: weather
tywyll *ans*: dark

uchel *ans*: high, loud
uffern *eb*: hell
unben *eg* (*ll*. -iaid): a tyrant, a dictator
undeb *eg* (*ll*. -au): union
unfed ganrif ar bymtheg *ym*: sixteenth
  century
unffurf *ans*: uniform, same
uniad *eg* (*ll*. -au): a joint
unigolyn *eg* (*ll*. unigolion): an
  individual
unigryw *ans*: unique
union *ans*: straight, direct

uniongyrchol *ans*: direct
unllygeidiog *ans*: one eyed
Unol Daleithiau, Yr *ell*: the United
States
unwaith *adf*: once

wedyn *adf*: afterwards
whilia *be* (D): to talk, to chat
wrth eich pwysau *ym*: steadily
wynebu *be*: to face

ychwanegu *be*: to add
ychydig *ans*: little, few
ynghyd (â) *adf*: together (with)
ymadrodd *eg* (*ll*. -ion): a saying
ymarferol *ans*: practical
ymarweddiad *eg*: conduct, behaviour
ymdopi *be*: to manage
ymdrech *eb* (*ll*. -ion): effort, endeavour
ymddangos *be*: to appear
ymddangosiad *eg* (*ll*. -au): an
appearance
ymddwyn *be*: to behave
ymgeisydd *eg* (*ll*. ymgeiswyr): a
candidate
ymgomio *be*: to chat, to converse
ymgyfarwyddo (â) *be*: to become
familiar with, to get used to
ymgynghori (â) *be*: to consult (with)
ymgynnal *be*: to sustain oneself

ymgyrch *egb* (*ll*. -oedd): a campaign
ymgyrchu *be*: to campaign
ymhell *adf*: far, afar
ymhen *adf*: in, at the end of a period of
time
ymholiad *eg* (*ll*. -au): an inquiry
ymladd *be*: to fight
ymlafnio *be*: to strive, to toil
ymosod (ar) *be*: to attack
ymweld â *be*: to visit
ymwybodol *ans*: conscious, aware of
ymylol *ans*: peripheral, unimportant
yn ôl *adf*: back, ago, according to
yn ôl yr arfer *ym*: as usual, as is normal
yn sgil *adf*: behind, in the wake of
yn ystod *adf*: during
yntau *rhag*: he, he too
ysbrydoliaeth *eb*: inspiration
ysgol *eb* (*ll*. -ion): a school, a ladder
ysgol gynradd *eb*: a primary school
ysgol undydd *eb*: a one-day
school/course
ysgol uwchradd *eb*: a secondary school
ysgolhaig *eg* (*ll*. ysgolheigion): a
scholar
ysgrifennydd *eg* (*ll*. ysgrifenyddion): a
secretary
ystafell ymolchi *eb*: a bathroom
ystyr *egb*: a meaning
ystyried *be*: to consider